A tabuada de adição

1 + 0 = 1	2 + 0 = 2	3 + 0 = 3	4 + 0 = 4
1 + 1 = 2	2 + 1 = 3	3 + 1 = 4	4 + 1 = 5
1 + 2 = 3	2 + 2 = 4	3 + 2 = 5	4 + 2 = 6
1 + 3 = 4	2 + 3 = 5	3 + 3 = 6	4 + 3 = 7
1 + 4 = 5	2 + 4 = 6	3 + 4 = 7	4 + 4 = 8
1 + 5 = 6	2 + 5 = 7	3 + 5 = 8	4 + 5 = 9
1 + 6 = 7	2 + 6 = 8	3 + 6 = 9	4 + 6 = 10
1 + 7 = 8	2 + 7 = 9	3 + 7 = 10	4 + 7 = 11
1 + 8 = 9	2 + 8 = 10	3 + 8 = 11	4 + 8 = 12
1 + 9 = 10	2 + 9 = 11	3 + 9 = 12	4 + 9 = 13

5 + 0 = 5	6 + 0 = 6	7 + 0 = 7	
5 + 1 = 6	6 + 1 = 7	7 + 1 = 8	
5 + 2 = 7	6 + 2 = 8	7 + 2 = 9	
5 + 3 = 8	6 + 3 = 9	7 + 3 = 10	
5 + 4 = 9	6 + 4 = 10	7 + 4 = 11	
5 + 5 = 10	6 + 5 = 11	7 + 5 = 12	
5 + 6 = 11	6 + 6 = 12	7 + 6 = 13	
5 + 7 = 12	6 + 7 = 13	7 + 7 = 14	
5 + 8 = 13	6 + 8 = 14	7 + 8 = 15	
5 + 9 = 14	6 + 9 = 15	7 + 9 = 16	

8 + 0 = 8	9 + 0 = 9
8 + 1 = 9	9 + 1 = 10
8 + 2 = 10	9 + 2 = 11
8 + 3 = 11	9 + 3 = 12
8 + 4 = 12	9 + 4 = 13
8 + 5 = 13	9 + 5 = 14
8 + 6 = 14	9 + 6 = 15
8 + 7 = 15	9 + 7 = 16
8 + 8 = 16	9 + 8 = 17
8 + 9 = 17	9 + 9 = 18

Operações de adição

1 Some 3 de cada vez.

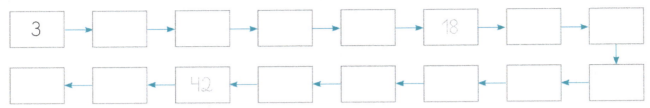

2 Observe e complete com outras somas equivalentes.

20 = 5 + 15	20 = ___ + ___	20 = ___ + ___
20 = ___ + ___	20 = ___ + ___	20 = ___ + ___
20 = ___ + ___	20 = ___ + ___	20 = ___ + ___
20 = ___ + ___	20 = ___ + ___	20 = ___ + ___

3 Observe a reta numérica e complete as decomposições do número 15.

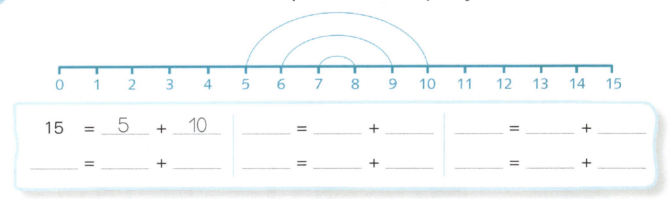

4 Complete a tabela de decomposições do número 18.

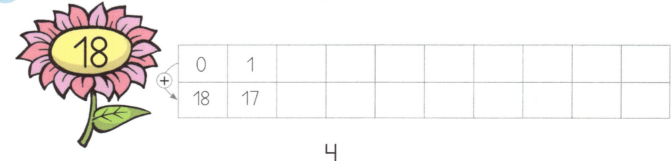

4

Tabuada
Atividades com as quatro operações

1ª edição

Obra coletiva concebida, desenvolvida
e produzida pela Editora Moderna.
© Editora Moderna 2006

Coordenação editorial: Virginia Aoki
Edição de texto: Jefferson dos Santos Cevada, Mara Regina Garcia Gay, Maria Elena Roman de Oliveira Toledo
Preparação de texto: Maria Aiko Nishijima
Coordenação de *design* e projetos visuais: Sandra Botelho de Carvalho Homma
Projeto gráfico: Everson de Paula
Imagens da capa: Paulo Manzi
Coordenação de produção gráfica: André Monteiro, Maria de Lourdes Rodrigues
Coordenação de revisão: Estevam Vieira Lédo Jr.
Revisão: Ana Cortazzo, Ana Maria Tavares, Elaine Cristina del Nero, Estevam Vieira Lédo Jr., Fernanda Marcelino, Solange Scattolini
Edição de arte: Cristiane Alfano
Ilustrações: Paulo Manzi, Rubens Lima, Sérgio Guilherme Filho
Assistência de produção: Cristina S. Uetake
Editoração eletrônica: EXATA Editoração
Coordenação de pesquisa iconográfica: Ana Lucia Soares
Pesquisa iconográfica: Maiti Salla
As imagens identificadas com a sigla CID foram fornecidas pelo Centro de Informação e Documentação da Editora Moderna.
Coordenação de tratamento de imagens: Américo Jesus
Tratamento de imagem: Fábio N. Precendo
Saída de filmes: Helio P. de Souza Filho, Marcio Hideyuki Kamoto
Coordenação de produção industrial: Wilson Aparecido Troque
Impressão e Acabamento: BMK Pró Indústria Gráfica Ltda.
Lote: 284602

ISBN 85-16-05208-7 (LA)
ISBN 85-16-05209-5 (LP)

Reprodução proibida. Art. 184 do Código Penal e Lei 9.610 de 19 de fevereiro de 1998.
Todos os direitos reservados
EDITORA MODERNA LTDA.
Rua Padre Adelino, 758 - Belenzinho
São Paulo - SP - Brasil - CEP 03303-904
Vendas e Atendimento: Tel. (0_ _11) 2790-1500
Fax (0_ _11) 2790-1501
www.moderna.com.br
2011
Impresso no Brasil
R.O.

SUMÁRIO

Adição
- **3** A tabuada de adição
- **4** Operações de adição
- **11** Problemas de adição

Subtração
- **18** A tabuada de subtração
- **19** Operações de subtração
- **28** Problemas de subtração

Multiplicação
- **36** A tabuada de multiplicação
- **37** Operações de multiplicação
- **48** Problemas de multiplicação

Divisão
- **65** A tabuada de divisão
- **66** Operações de divisão
- **75** Problemas de divisão

5 Calcule. Depois, leia e pinte a pipa de cada criança.

- Na pipa de Júlia, o resultado da adição é um número maior do que 90. É vermelha.
- Na pipa de Jaime, o resultado da adição é um número menor do que 45. É azul.

6 Calcule o resultado das adições.

- Observe o número de cada chave e pinte-a da cor de seu cadeado.

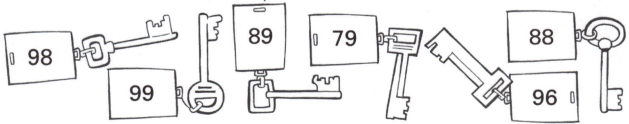

5

7 Observe, complete e realize as adições.

Fantasma ▶		Fantasma ▶		Aranha ▶	
Vampiro ▶	+	Aranha ▶	+	Vampiro ▶	+
Total ▶		Total ▶		Total ▶	

Múmia ▶		Fantasma ▶		Vampiro ▶	
Aranha ▶		Vampiro ▶		Aranha ▶	
Fantasma ▶	+	Frankstein ▶	+	Frankstein ▶	+
Total ▶		Total ▶		Total ▶	

- Qual é a maior parcela de todas essas adições? _____
- Circule de vermelho a adição cujo total seja o maior.

Investigue

Um quebra-cabeça de números

Coloque as cinco cartelas como indica cada figura de tal forma que a soma dos números das três cartelas que estão unidas pela mesma corda seja igual ao número indicado em cada caso.

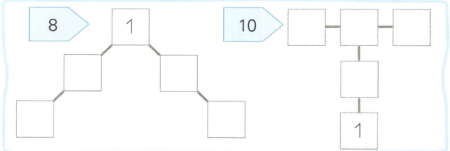

8 Complete e adicione.

637 + 145
 	
  6 3 7
+ 1 4 5
———————
  7 8 2
	350 + 483	29 + 236	527 + 349

764 + 192	423 + 395	373 + 271	905 + 27

9 Calcule.

```
  3 2 7        4 3 2        1 2 3        4 3 2        3 7 5
  5 3 2        3 2 7        4 5 6        5 4 3        6 5 4
+ 6 1 0      + 5 4 6      + 7 8 9      + 6 5 4      + 5 7 0
————————     ————————     ————————     ————————     ————————
```

10 Complete os números que faltam.

```
   ☐ 7 3         ☐ 2 1        1 . 2 ☐ 5        5 . 6 ☐ 4
 + ☐ 4 1 2     + ☐ 6 5 ☐    + ☐ 4 8 ☐       + ☐ 3 2 8
 —————————     —————————    ——————————       ——————————
   1 . 1 ☐ 5    1 . 5 7 5    ☐ . ☐ 2 2        6 . ☐ 5 ☐
```

Investigue

Um total de 7 pontos com dois dados

Verifique, em seu caderno, de quantas formas Sérgio pode obter 7 pontos ao lançar dois dados e escreva as adições correspondentes.

Exemplo → Pontuação do dado verde Pontuação do dado azul Adição 4 + 3 = 7

7

11 Arredonde a massa de cada animal à centena mais próxima para calcular as adições por meio de uma estimativa.

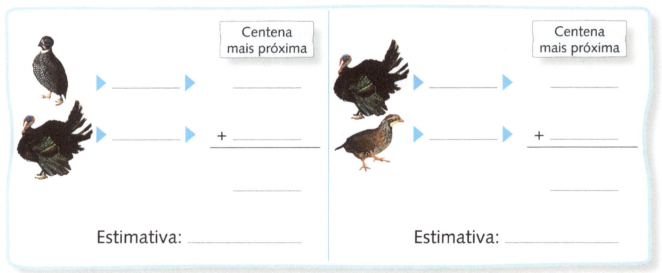

12 Escreva em cada quadrinho um número de tal forma que a soma dos números de cada horizontal, vertical e diagonal seja igual a 150.

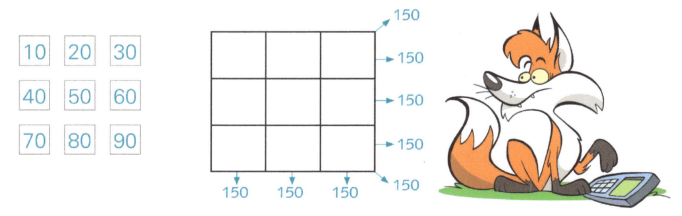

8

13 Calcule.

Cálculo mental

Somar 9 a um número ou somar 10 e subtrair 1

37 + 9
37 + 10 − 1
47 − 1 = 46

37 →+10→ 47 →−1→ 46
       +9

165 + 9
165 + 10 − 1
175 − 1 = 174

165 →+10→ 175 →−1→ 174
        +9

28 + 9	234 + 9
43 + 9	567 + 9
57 + 9	831 + 9
64 + 9	483 + 9
79 + 9	658 + 9
82 + 9	906 + 9

Vamos usar a calculadora?

Adicionando parcelas repetidas

Observe duas formas de calcular o resultado da adição abaixo.

$$25 + 35 + 35 + 35$$

1ª forma

A adição 25 + 35 + 35 + 35 pode ser feita teclando assim:

Veja o resultado que Paula obteve.

2ª forma

Para fazer a adição 25 + 35 + 35 + 35 em minha calculadora teclo de forma diferente.

Adriano apertou por três vezes a tecla =.

Agora, faça as adições com sua calculadora da forma que quiser.

Atenção!
Se escolher a forma de Adriano, lembre-se de que o número de vezes que o sinal de "igual" é teclado é igual ao número de parcelas que se repete.

- 16 + 12 + 12 + 12
- 23 + 45 + 45 + 45
- 54 + 32 + 32 + 32 + 32
- 19 + 56 + 56 + 56 + 56
- 18 + 25 + 25 + 25 + 25 + 25
- 15 + 49 + 49 + 49 + 49 + 49
- 31 + 52 + 52 + 52 + 52 + 52
- 44 + 67 + 67 + 67 + 67 + 67

Problemas de adição

1 Em cada problema, antes de responder, faça o esquema que o ajude a encontrar todas as possibilidades de solução.

- Manoel quer trocar a água do aquário, que tem capacidade de 260 mℓ. Para isso ele quer utilizar duas destas jarras que estão cheias de água. Que jarras pode utilizar? Irá sobrar água?

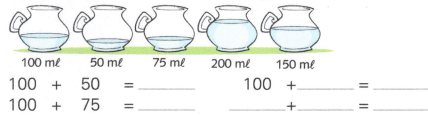

100 + 50 = _____   100 + _____ = _____
100 + 75 = _____   _____ + _____ = _____

Resposta ▶ _____

- Irene quer colocar duas destas estantes seguidas em um espaço de parede que mede 230 cm de largura. Quais estantes ela poderá colocar?

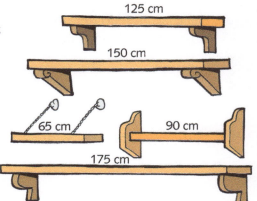

Resposta ▶ _____

2 Leia e resolva em seu caderno.

- Para alimentar os hipopótamos de um zoológico, são necessários, diariamente, 95 quilogramas de vegetais e 87 quilogramas de frutas. Quantos quilogramas de alimento comem no total, diariamente, os hipopótamos?

Resposta ▶ _____

- Um mergulhador fez dois mergulhos, um de 83 minutos e outro de 57 minutos. Quanto tempo mergulhou no total?

Resposta ▶ _____

- Na campanha de doação de sangue, coletamos 45 litros na segunda-feira, 33 litros na terça e 54 litros na quarta. Quantos litros de sangue coletamos no total?

Resposta ▶ _____

Leia e resolva.

- Uma cientista está investigando os seres vivos que vivem em uma região da selva. Lá existem 598 espécies de animal e 687 espécies de planta. Quantas espécies de seres vivos há, no total, nessa região da selva?

Resposta ▶ _____

- Na classe de Ricardo estão recolhendo latas e jornais para reciclar. Já recolheram 497 jornais e 230 latas. Quantas unidades de jornal e lata foram recolhidos?

Resposta ▶ _____

Cálculo mental

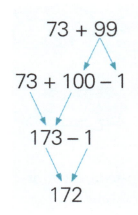

Somar 99 a um número ou primeiro somar 100 e depois subtrair 1

35 + 99	247 + 99	5.402 + 99
68 + 99	539 + 99	3.786 + 99
52 + 99	312 + 99	2.154 + 99
93 + 99	465 + 99	8.029 + 99
81 + 99	793 + 99	4.318 + 99
49 + 99	856 + 99	9.637 + 99

12

4 Leia e resolva.

- Um viveiro vendeu, no ano passado, 3.256 quilogramas de adubo e neste ano vendeu 1.965 a mais do que no ano passado. Quantos quilogramas de adubo foram vendidos neste ano?

Resposta ▶ _____

- Em um país vivem 675 espécies de animais vertebrados e 976 espécies de animais invertebrados. Quantas espécies de animais vivem, no total, nesse país?

Resposta ▶ _____

- Maria quer comprar para sua empresa uma fotocopiadora que custa 850 reais e uma impressora que custa 269 reais. Quanto Maria gastará?

Resposta ▶ _____

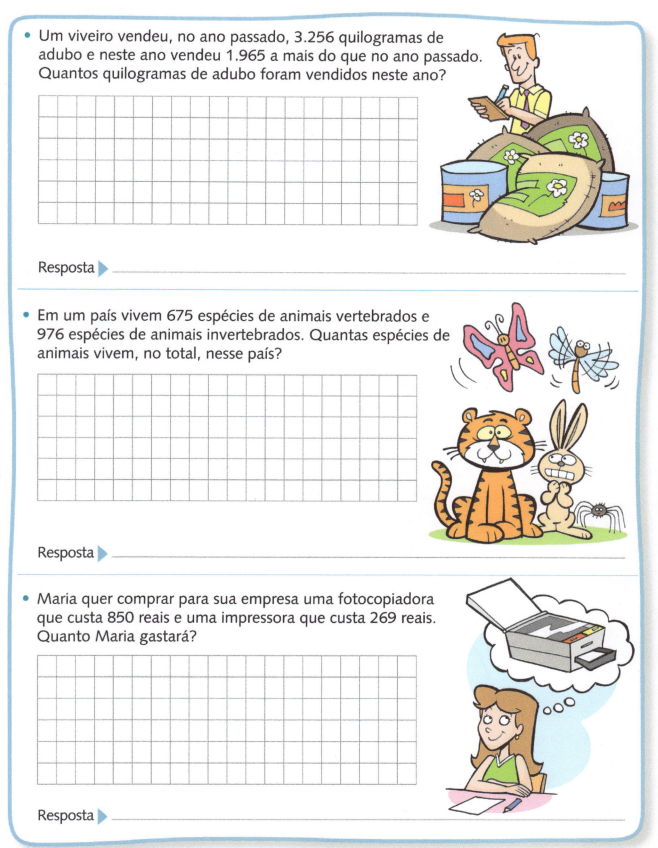

5 Leia atentamente cada um dos seguintes problemas e explique por que está resolvido de forma errada. Depois, resolva-o corretamente e responda.

- No laboratório de Ciências de um colégio há 138 aranhas, 65 mariposas, 87 escaravelhos e 214 borboletas. Quantos animais há, no total, nesse laboratório de Ciências?

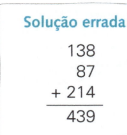

Solução errada

```
   138
    87
+  214
------
   439
```

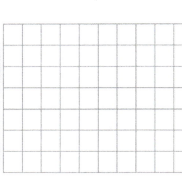

← Solução correta: _____

← Por que este problema foi resolvido de forma errada?

_____

- No parque estão passeando 36 meninos, 38 meninas, 64 adultos e 27 cachorros. Quantas pessoas passeiam pelo parque?

Solução errada

```
   36
   38
+  27
-----
  101
```

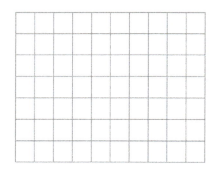

← Solução correta: _____

← Por que este problema foi resolvido de forma errada?

_____

_____

6 Observe o desenho e leia o texto.

Vinha Colinas — 2.124 kg

Vinha Rosada — 1.896 kg

Nestas duas vinhas se está fazendo a colheita. Além das uvas que os tratores do desenho estão levando, na Vinha Colinas já foram colhidos 789 quilogramas de uva e na Vinha Rosada, 568 quilogramas.

- Invente e resolva, com os dados que você leu, dois problemas de adição.

a. _____

b. _____

Resposta ▶ _____

Resposta ▶ _____

15

7 Leia e resolva.

Um astronauta viajou duas vezes para a Lua e, entre as duas viagens, passou 763 dias no espaço. Quais foram as duas viagens que ele realizou?

Realizou as viagens de _____ dias e de _____ dias.

16

8 Utilize os dados de cada problema e invente uma pergunta. Depois, resolva o problema.

- Carla tinha 103 figurinhas de uma coleção de animais e João lhe deu 214 figurinhas da mesma coleção.

Pergunta ▶ _____

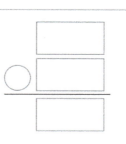

Resposta ▶ _____

- Em um vilarejo vivem 456 mulheres e 321 homens.

Pergunta ▶ _____

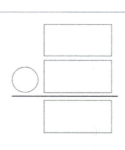

Resposta ▶ _____

Cálculo mental

237 + 999
237 + 1.000 − 1
1.237 − 1
1.236

Somar 999 a um número ou, primeiro, somar 1.000 e, depois, subtrair 1

237 —+ 1.000→ 1.237 —− 1→ 1.236
         + 999

135 + 999	593 + 999
268 + 999	762 + 999
342 + 999	851 + 999
475 + 999	999 + 999

17

A tabuada de subtração

1 − 1 = 0	2 − 2 = 0	3 − 3 = 0	4 − 4 = 0
2 − 1 = 1	3 − 2 = 1	4 − 3 = 1	5 − 4 = 1
3 − 1 = 2	4 − 2 = 2	5 − 3 = 2	6 − 4 = 2
4 − 1 = 3	5 − 2 = 3	6 − 3 = 3	7 − 4 = 3
5 − 1 = 4	6 − 2 = 4	7 − 3 = 4	8 − 4 = 4
6 − 1 = 5	7 − 2 = 5	8 − 3 = 5	9 − 4 = 5
7 − 1 = 6	8 − 2 = 6	9 − 3 = 6	10 − 4 = 6
8 − 1 = 7	9 − 2 = 7	10 − 3 = 7	11 − 4 = 7
9 − 1 = 8	10 − 2 = 8	11 − 3 = 8	12 − 4 = 8
10 − 1 = 9	11 − 2 = 9	12 − 3 = 9	13 − 4 = 9

5 − 5 = 0	6 − 6 = 0	7 − 7 = 0
6 − 5 = 1	7 − 6 = 1	8 − 7 = 1
7 − 5 = 2	8 − 6 = 2	9 − 7 = 2
8 − 5 = 3	9 − 6 = 3	10 − 7 = 3
9 − 5 = 4	10 − 6 = 4	11 − 7 = 4
10 − 5 = 5	11 − 6 = 5	12 − 7 = 5
11 − 5 = 6	12 − 6 = 6	13 − 7 = 6
12 − 5 = 7	13 − 6 = 7	14 − 7 = 7
13 − 5 = 8	14 − 6 = 8	15 − 7 = 8
14 − 5 = 9	15 − 6 = 9	16 − 7 = 9

8 − 8 = 0	9 − 9 = 0
9 − 8 = 1	10 − 9 = 1
10 − 8 = 2	11 − 9 = 2
11 − 8 = 3	12 − 9 = 3
12 − 8 = 4	13 − 9 = 4
13 − 8 = 5	14 − 9 = 5
14 − 8 = 6	15 − 9 = 6
15 − 8 = 7	16 − 9 = 7
16 − 8 = 8	17 − 9 = 8
17 − 8 = 9	18 − 9 = 9

Operações de subtração

1 Subtraia 2 de cada vez.

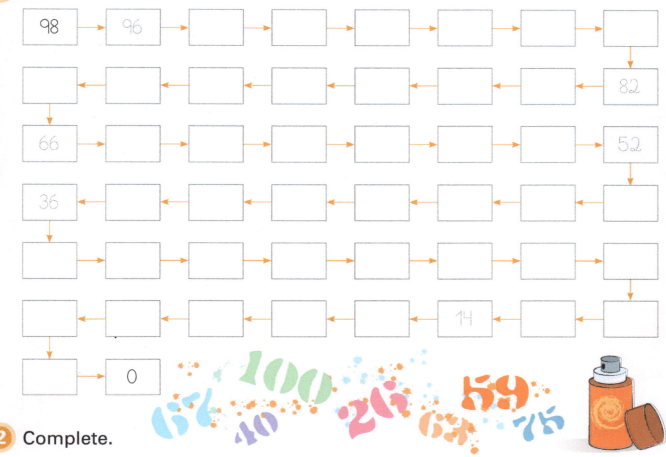

2 Complete.

Minuendo	40		67		100
Subtraendo	17	26		63	25
Diferença	23	59	14	29	

3 Em cada caso, circule as subtrações cujo resultado é o que está indicado.

12
- (43 − 19) − 12
- 43 − (19 − 12)
- (57 − 28) − 17
- 57 − (28 − 17)

25
- (63 − 45) − 7
- 63 − (45 − 7)
- (87 − 38) − 24
- 87 − (38 − 24)

29
- (74 − 32) − 13
- 74 − (32 − 13)
- (92 − 74) − 11
- 92 − (74 − 11)

4 Complete a tabela sabendo que em 1997 Ana tinha 12 anos e sua mãe, 40 anos.

Ano	Idade de Ana	Idade da mãe	Diferença de idade
1997	12 anos	40 anos	
2004			
2008			
	30 anos		
	35 anos		

5 Coloque os números formando subtrações de acordo com sua cor e resolva-as.

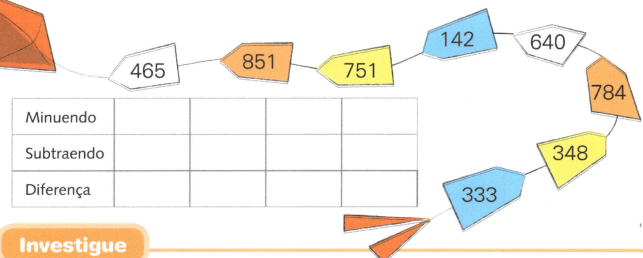

Minuendo			
Subtraendo			
Diferença			

Investigue

Exemplo

Dado azul

Dado verde

Diferença: 5 – 3 = 2

Ana joga lançando dois dados. Depois de cada lançamento, subtrai a pontuação do dado verde da pontuação do dado azul.
Verifique de quantas formas ela pode obter como diferença 2 e escreva as subtrações correspondentes.

____ – ____ = ____

____ – ____ = ____

____ – ____ = ____

20

6 Subtraia.

95 − 59 36	78 − 19	54 − 28	87 − 59	48 − 9
76 − 48	80 − 74	66 − 7	98 − 79	63 − 47
90 − 26	67 − 38	35 − 7	75 − 56	50 − 43

7 Subtraia 7 de cada vez.

100 → 93 → ☐ → ☐ → ☐ → ☐ → ☐ → ☐

8 Subtraia.

976 − 647
  976
− 647
  329
	242 − 138	692 − 156	425 − 309

313 − 191	781 − 424	456 − 184	828 − 319
612 − 250	342 − 108	741 − 425	630 − 427

21

9 Subtraia 9 de cada vez.

449 → 440 → ☐ → ☐ → ☐ → ☐ → ☐

10 Calcule por meio de uma estimativa.

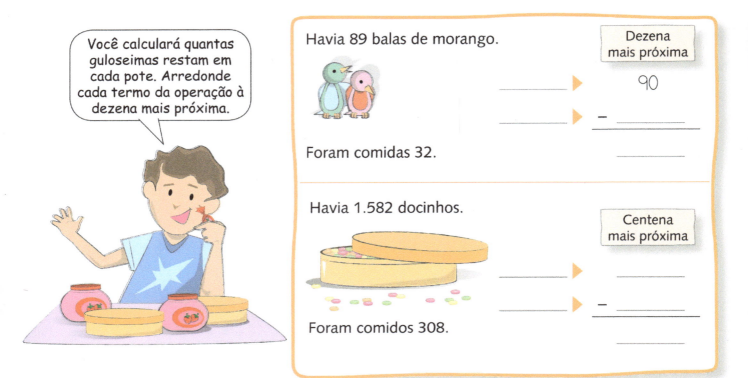

Havia 89 balas de morango.

Dezena mais próxima

_____ ▶ 90

_____ ▶ − _____

Foram comidas 32.

Havia 1.582 docinhos.

Centena mais próxima

_____ ▶ _____

_____ ▶ − _____

Foram comidos 308.

Cálculo mental

Subtrair dezenas de um número (sem reagrupamento)

68 − 20 = 48
6 − 2 = 4

837 − 10 = 827
3 − 1 = 2

1.851 − 40 = 1.811
5 − 4 = 1

39 − 20	125 − 10 =	1.356 − 20 =
55 − 30	237 − 20 =	2.047 − 30 =
62 − 40	462 − 40 =	4.966 − 50 =
71 − 50	678 − 60 =	6.174 − 60 =
98 − 70	782 − 80 =	8.595 − 70 =

22

Vamos usar a calculadora?

76 – 37 ?

Como calcular a diferença entre dois números

Para calcular 76 – 37 na calculadora, teclo
ON 7 6 – 3 7 =

Tecle ON   Tecle 7   Tecle 6   Tecle –   Tecle 3   Tecle 7   Tecle =

0   7   76   76   3   37   39

- Descubra o número que você precisa subtrair em cada uma das sequências. Depois, busque com a calculadora quatro números a mais de cada uma.

  - 200, 190, 180, 170, ____, ____, ____, ____
  - 400, 380, 360, 340, ____, ____, ____, ____
  - 500, 470, 440, 410, ____, ____, ____, ____
  - 600, 575, 550, 525, ____, ____, ____, ____

Na primeira sequência você precisa subtrair 10.

- Calcule mentalmente e depois comprove os resultados com a calculadora.

  - 35 – 30
  - 48 – 40
  - 57 – 50
  - 69 – 60

  - 125 – 25
  - 234 – 34
  - 458 – 58
  - 679 – 79

  - 125 – 120
  - 256 – 250
  - 378 – 370
  - 498 – 490

- Calcule mentalmente o número que você precisa subtrair em cada caso e depois comprove cada subtração com a calculadora.

Para comprovar a primeira subtração, coloque 256 na calculadora e depois subtraia 56.

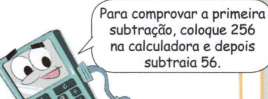

- 256 – ☐ = 200
- 579 – ☐ = 500

- 689 – ☐ = 9
- 756 – ☐ = 6

23

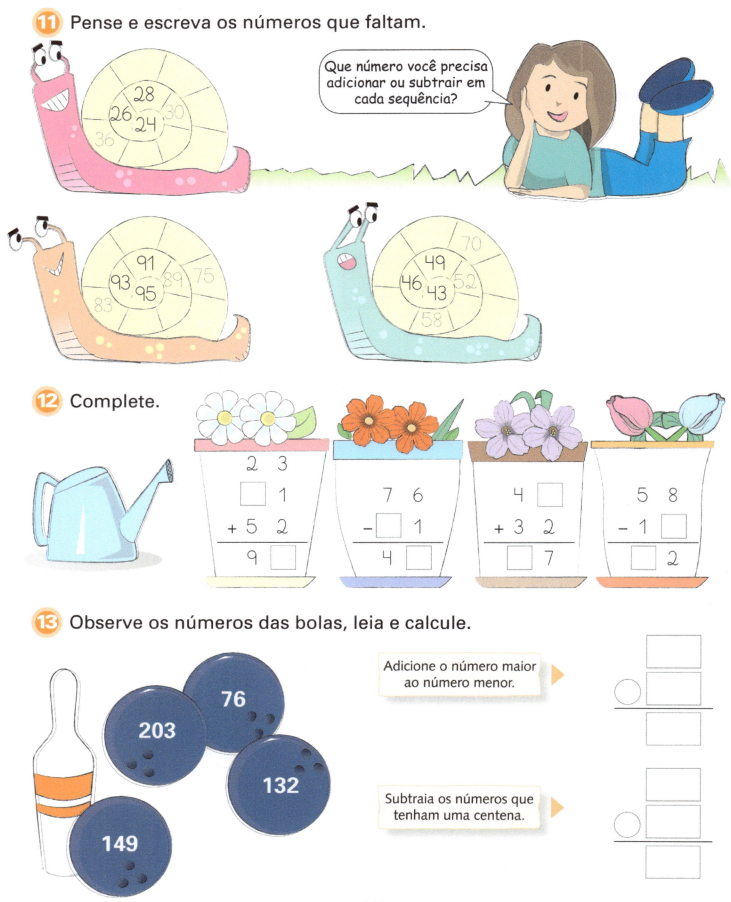

14 Preste atenção aos sinais e calcule.

Escreva cada letra em seu lugar e saberá quem ganhou a corrida.

N						
35	88	78	77	49	45	24

15 Calcule e pinte da mesma cor os pinos com o mesmo resultado.

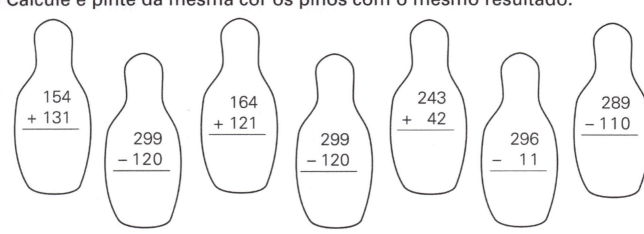

16) Primeiro, calcule. Depois, observe os códigos e verifique onde está escondida a serpente.

17) Escreva duas subtrações a partir de cada adição e resolva-as.

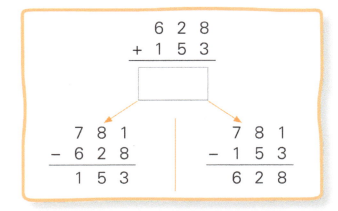
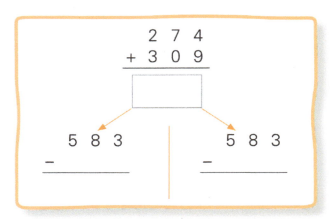

18 Observe a legenda e pinte os números. Depois, leia e calcule.

- Números com 3 no lugar das centenas.
- Números com 0 no lugar das unidades.
- Números com 5 no lugar das dezenas.

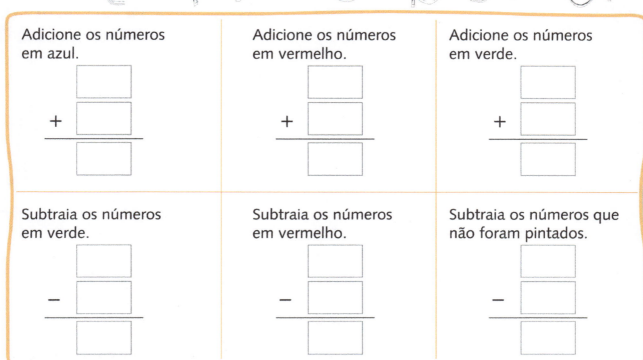

19 Escreva, com cada grupo de números, uma adição e duas subtrações.

1.734
771
963

1.612
2.507
895

20 Verifique, em cada caso, com uma adição, se o minuendo está errado. Depois, escreva a subtração corretamente.

- 693 − 187 = 506
- 4.385 − 1.620 = 2.705

Problemas de subtração

1 Leia e resolva os problemas:

- Em um colégio há 1.026 alunos. Entre eles, 375 têm 15 anos ou menos. Quantos alunos do colégio têm mais de 15 anos?

  Resposta ▶ _____

- Um restaurante serviu 1.725 refeições. De sobremesa, 527 pessoas pediram frutas e o restante escolheu um doce. Quantas pessoas não pediram fruta de sobremesa?

  Resposta ▶ _____

- O pico mais alto de uma serra tem 2.325 metros de altitude. Outro pico próximo mede 376 metros a menos do que ele. Quanto mede esse pico?

  Resposta ▶ _____

Cálculo mental

Subtrair 9 de um número ou subtrair 10 e somar 1

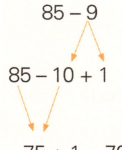

$85 \xrightarrow{-10} 75 \xrightarrow{+1} 76$ $134 \xrightarrow{-10} 124 \xrightarrow{+1} 125$

37 − 9	51 − 9	258 − 9	371 − 9
62 − 9	73 − 9	862 − 9	490 − 9
48 − 9	96 − 9	593 − 9	647 − 9

28

2 Resolva.

- O astronauta Neil Armstrong, a bordo do módulo lunar "Águila", posou na Lua no ano de 1969. Quantos anos faz que o homem pisou na Lua pela primeira vez?

Resposta ▶ _____

- O primeiro satélite artificial, o "Sputnik", foi lançado pelos russos no ano de 1957. Quantos anos foram transcorridos desde esse acontecimento?

Resposta ▶ _____

Cálculo mental

Para subtrair 99, subtraia 100 e depois adicione 1

597 − 99

597 − 100 + 1

497 + 1 = 498

189 − 99	556 − 99	1.450 − 99
237 − 99	667 − 99	2.356 − 99
358 − 99	789 − 99	3.670 − 99
476 − 99	825 − 99	5.890 − 99

29

3 Resolva esses problemas e comprove o resultado com a calculadora. Explique para um colega como você fez.

- Os 84 alunos de um curso de culinária devem decidir se fazem um prato doce ou um prato salgado. Se 37 alunos decidiram pelo prato doce, quantos escolheram cozinhar um prato salgado?

Resposta ▸ _____

- Em uma fábrica de perfumes, são utilizados 365 kg de lavanda a cada semana. Nos três primeiros dias da semana foram gastos 187 kg. Quanta lavanda ainda há para o resto da semana?

Resposta ▸ _____

- As paredes do colégio serão pintadas e foi perguntado aos 2.307 alunos se preferem a cor azul ou verde. Responderam que preferem a cor verde 983 alunos. Quantos preferem que pintem as paredes de azul?

Resposta ▸ _____

Cálculo mental

2.376 − 999

2.376 − 1.000 + 1

1.376 + 1 = 1.377

Para subtrair 999, subtraia 1.000 e adicione 1

1.592 − 999	8.207 − 999
2.370 − 999	6.981 − 999
3.468 − 999	4.599 − 999
5.739 − 999	9.043 − 999

30

4 Observe como Jane resolveu um problema.

- Um caminhão leva 189 bicicletas vermelhas, 72 brancas e 81 azuis. Quantas bicicletas vermelhas a mais do que azuis o caminhão leva?

O caminhão leva 117 bicicletas vermelhas a mais do que azuis.

- É possível resolver esse problema com apenas uma subtração? _____

- Todos os dados desse problema são necessários? _____

- Jane resolveu corretamente o problema? Por quê? _____

_____

- Como você resolveria esse problema?

Resposta ▶ _____

_____

_____

5 Observe o gráfico.

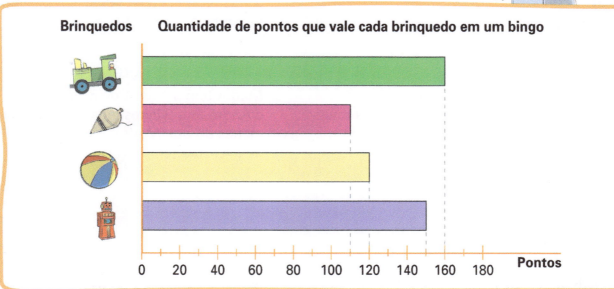

- Invente dois problemas que possam ser resolvidos usando uma subtração. Resolva-os em seu caderno.

6 Leia e resolva.

- Pedro leu 38 páginas de um livro e ainda falta ler mais 87 páginas. Quantas páginas tem o livro?

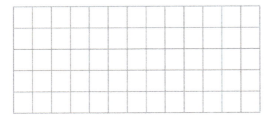

Resposta ▸ _____

- Para as férias de verão, a biblioteca emprestou 347 livros. Já foram devolvidos 296. Quantos livros ainda faltam para serem devolvidos?

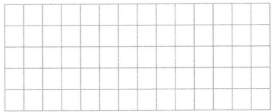

Resposta ▸ _____

- Maria está organizando uma coleção de 183 livros em uma nova estante. Já colocou 26 livros. Quantos livros ainda irá colocar?

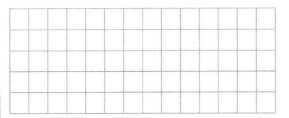

Resposta ▸ _____

- Foi organizado um concurso de contos. A classe da 3ª A apresentou 18 contos, a da 3ª B, 23 contos e a da 3ª C, 24 contos. Quantos contos foram apresentados no total?

Resposta ▸ _____

- Marcelo tem 28 livros de animais e Letícia tem 15 livros de animais a mais do que Marcelo. Quantos livros de animais tem Letícia?

Resposta ▸ _____

- Marisa tem 37 livros de aventura e André tem 9 livros de aventura a menos do que Marisa. Quantos livros de aventura tem André?

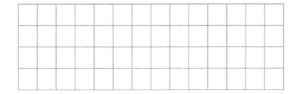

Resposta ▸ _____

7 Os problemas abaixo estão sem uma pergunta. Circule as perguntas que são válidas para cada um dos problemas. Depois, escolha uma delas e resolva-a.

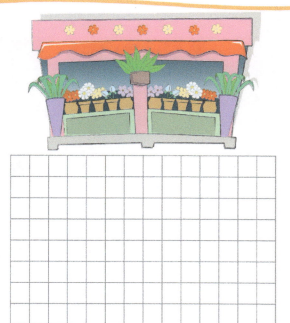

- Uma floricultura vendeu neste mês R$ 1.532,00 em rosas, R$ 953,00 em folhagens e R$ 2.395,00 em outras plantas.

  Perguntas

  - Quanto faturou a floricultura com a venda de cactos?
  - Quanto faturou em rosas a mais do que em samambaias?
  - Quanto faturou a floricultura neste mês?
  - Quanto faturou em rosas a mais do que em folhagens?

  Resposta ▶ _____

  _____

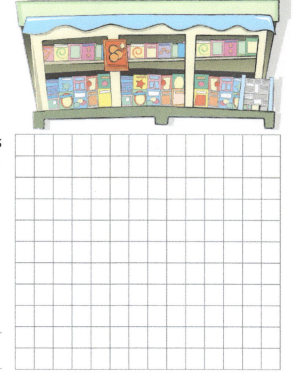

- Em uma banca de jornal, nesta semana foram vendidos 2.530 jornais, 1.322 revistas juvenis, 706 gibis e 1.387 outras publicações.

  Perguntas

  - Quantas revistas juvenis foram vendidas nesta semana a mais do que na semana passada?
  - Quantos artigos foram vendidos nesta semana?
  - Quantos jornais a mais do que revistas juvenis foram vendidos?
  - Quantos álbuns de figurinhas foram vendidos?

  Resposta ▶ _____

  _____

8 Nesta tabela estão representados o número de espectadores que assistiu a cada peça do Festival de Teatro Infantil.
Observe a tabela e calcule.

Obra	Manhã	Tarde
O dragão sem fogo	384	263
Trapalhadas e risadas	573	171
O arco-íris encantado	302	230
O pirata ferroviário	216	471

- Quantos espectadores viram a peça *Trapalhadas e risadas*?

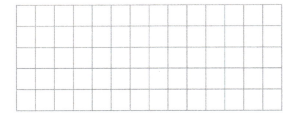

Viram _____ pessoas.

- Na peça *O arco-íris encantado*, quantas pessoas assistiram de manhã a mais do que a tarde?

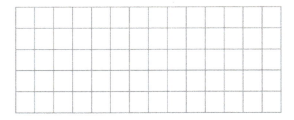

Assistiram _____ pessoas a mais.

- Quantos espectadores foram, no total, ao teatro pela manhã?

Foram _____ espectadores.

- Qual é a diferença do número de espectadores entre a peça mais vista à tarde e a menos vista à tarde?

A diferença é de _____ espectadores.

9 Primeiro, observe a tabela de produção diária de alimentos para animais em uma fábrica e a quantidade armazenada. Depois, invente e resolva problemas que cumpram a condição dada.

	Produção diária	Quantidade armazenada
Cachorros	720 kg	3.240 kg
Gatos	480 kg	2.160 kg
Pássaros	546 kg	2.457 kg
Hamsters	318 kg	1.431 kg

Problema de adição

Resposta ▶

Problema de subtração

Resposta ▶

Problema de adição e subtração

Resposta ▶

Problema de adição e subtração

Resposta ▶

35

A tabuada de multiplicação

1 × 1 = 1	
2 × 1 = 2	
3 × 1 = 3	
4 × 1 = 4	
5 × 1 = 5	
6 × 1 = 6	
7 × 1 = 7	
8 × 1 = 8	
9 × 1 = 9	
10 × 1 = 10	

1 × 2 = 2
2 × 2 = 4
3 × 2 = 6
4 × 2 = 8
5 × 2 = 10
6 × 2 = 12
7 × 2 = 14
8 × 2 = 16
9 × 2 = 18
10 × 2 = 20

1 × 3 = 3
2 × 3 = 6
3 × 3 = 9
4 × 3 = 12
5 × 3 = 15
6 × 3 = 18
7 × 3 = 21
8 × 3 = 24
9 × 3 = 27
10 × 3 = 30

1 × 4 = 4
2 × 4 = 8
3 × 4 = 12
4 × 4 = 16
5 × 4 = 20
6 × 4 = 24
7 × 4 = 28
8 × 4 = 32
9 × 4 = 36
10 × 4 = 40

1 × 5 = 5
2 × 5 = 10
3 × 5 = 15
4 × 5 = 20
5 × 5 = 25
6 × 5 = 30
7 × 5 = 35
8 × 5 = 40
9 × 5 = 45
10 × 5 = 50

1 × 6 = 6
2 × 6 = 12
3 × 6 = 18
4 × 6 = 24
5 × 6 = 30
6 × 6 = 36
7 × 6 = 42
8 × 6 = 48
9 × 6 = 54
10 × 6 = 60

1 × 7 = 7
2 × 7 = 14
3 × 7 = 21
4 × 7 = 28
5 × 7 = 35
6 × 7 = 42
7 × 7 = 49
8 × 7 = 56
9 × 7 = 63
10 × 7 = 70

1 × 8 = 8
2 × 8 = 16
3 × 8 = 24
4 × 8 = 32
5 × 8 = 40
6 × 8 = 48
7 × 8 = 56
8 × 8 = 64
9 × 8 = 72
10 × 8 = 80

1 × 9 = 9
2 × 9 = 18
3 × 9 = 27
4 × 9 = 36
5 × 9 = 45
6 × 9 = 54
7 × 9 = 63
8 × 9 = 72
9 × 9 = 81
10 × 9 = 90

1 × 10 = 10
2 × 10 = 20
3 × 10 = 30
4 × 10 = 40
5 × 10 = 50
6 × 10 = 60
7 × 10 = 70
8 × 10 = 80
9 × 10 = 90
10 × 10 = 100

Operações de multiplicação

1 Recorde as tabuadas de multiplicação. Complete.

×	0	1	2	3	4	5	6	7	8	9
1	0	1								
2							12			
3										27
4			8							
5								35		
6					24					
7									56	
8					32					
9										

Investigue

Dois dados, muitas multiplicações!

Sérgio lança dois dados, observa os números obtidos, multiplica um pelo outro e anota a multiplicação efetuada.

Escreva, em seu caderno, todas as multiplicações possíveis que Sérgio poderá obter.

Exemplos:

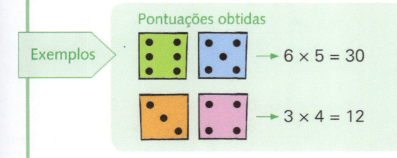

2 Observe o número de objetos que há em cada saquinho e responda.

- Joana comprou 3 saquinhos de bolinhas de gude. Quantas bolinhas de gude ela comprou?
- Pedro comprou 4 saquinhos de balas. Quantas balas ele comprou?
- Ricardo comprou 5 saquinhos de pregadores. Quantos pregadores ele comprou?

3 Leia a frase de cada criança fazendeira e responda.

Luísa ▶ _____   Célia ▶ _____   Rodrigo ▶ _____

- Quem tem mais bezerros do que Luísa e menos do que Rodrigo? _____
- Quem tem mais bezerros do que Marcos e menos do que Célia? _____

4 Multiplique.

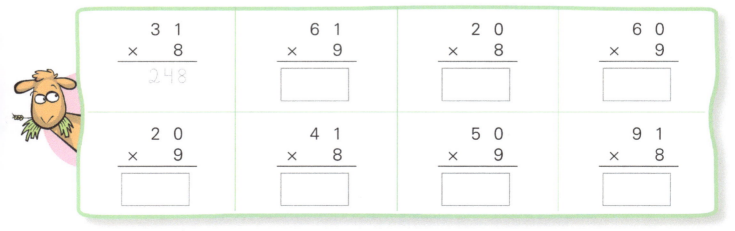

3 1	6 1	2 0	6 0
× 8	× 9	× 8	× 9
2 4 8			

| 2 0 | 4 1 | 5 0 | 9 1 |
| × 9 | × 8 | × 9 | × 8 |

5) Complete.

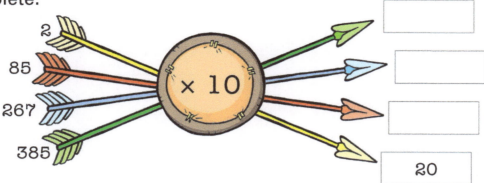

6) Complete.

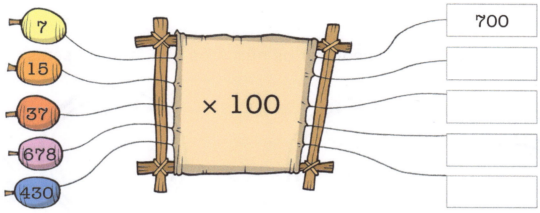

7) Complete as tabelas.

× 1.000

6	
12	
7	
25	
31	

× 1.000

76	
89	
23	
34	
67	

Cálculo mental

Três fatores: um deles é par, outro é 5 e um terceiro qualquer

2 × 5 × 7	5 × 4 × 3	6 × 5 × 5	5 × 8 × 7
2 × 9 × 5	4 × 5 × 5	5 × 3 × 6	9 × 5 × 8
3 × 5 × 2	7 × 4 × 5	6 × 7 × 5	5 × 5 × 8

8 Calcule.

```
   3 6          2 9          1 9          3 7
×    6        ×   7        ×   8        ×   9
  ____         ____         ____         ____


  1 4 9        2 3 8        1 8 4        1 4 5
×     3      ×     4      ×     5      ×     6
  _____        _____        _____        _____
```

9 Ajude o detetive a encontrar os números que faltam nestas multiplicações.

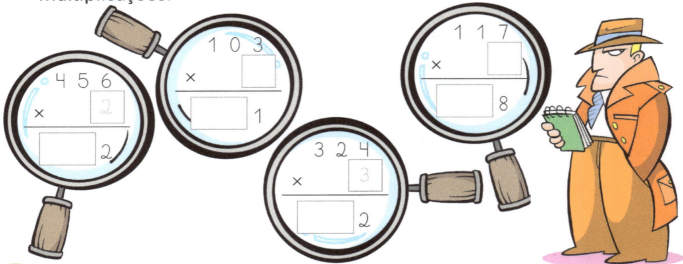

10 Complete cada sequência e descubra como ela se forma.

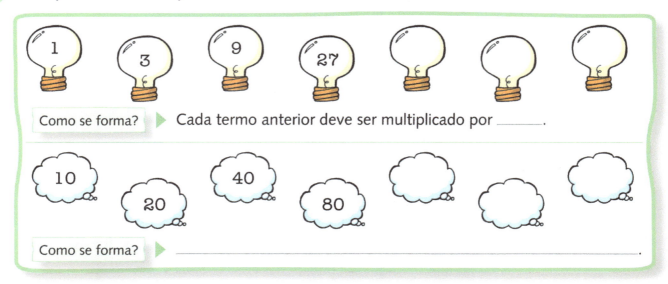

Como se forma? ▶ Cada termo anterior deve ser multiplicado por _____.

Como se forma? ▶ _____

40

11 Leia e calcule apenas a multiplicação que cumpre as condições que cada criança indica.

Cálculo mental

22×9
$22 \times (10 - 1)$
$22 \times 10 - 22 \times 1 = 220 - 22 = 198$

Quando um fator é 9

Para multiplicar um número por 9, primeiro multiplicamos por 10 e depois subtraímos o próprio número.

| 12 × 9 | 24 × 9 | 30 × 9 |
| 15 × 9 | 25 × 9 | 45 × 9 |

Vamos usar a calculadora?

Como calcular o produto de dois números na calculadora

Para calcular o produto 43 × 27 na calculadora, tecle ON 4 3 × 2 7 =

Tecle ON   Tecle 4   Tecle 3   Tecle ×   Tecle 2   Tecle 7   Tecle =

- Descubra o número que, a partir do 1º termo, deve ser multiplicado cada termo da sequência para gerar o termo seguinte. Depois, busque com a calculadora quatro números a mais, de cada uma.

  - 2, 4, 8, 16, _____, _____, _____, _____
  - 3, 9, 27, 81, _____, _____, _____, _____
  - 4, 16, 64, 256, _____, _____, _____
  - 5, 25, 125, 625, _____, _____

Na primeira sequência, você deve multiplicar por 2.

- Calcule mentalmente e depois comprove os resultados com a calculadora.

  - 23 × 10
  - 38 × 10
  - 47 × 10
  - 59 × 10
  - 57 × 100
  - 62 × 100
  - 75 × 100
  - 99 × 100

- Copie a tabela abaixo em seu caderno. Calcule e escreva todas as multiplicações cujo produto seja o número que está indicado em cada caso. Busque ajuda na calculadora.

Na casinha do número 24, podemos escrever 6 × 4, 3 × 8 etc.

24	48	60	90	120	180	240

12 Leia e decifre o enigma em seu caderno.

O professor Calculus inventou uma máquina que transforma números, utilizando operações matemáticas. Descubra no que se transforma cada número ao passar em cada etapa.

Etapas

A	Multiplica por 7.
B	Adicione 23 unidades.
C	Transforme-o em uma adição de seus dígitos.
D	Se o número encontrado for menor ou igual a 9, adicione 20 a esse número.
E	Se o número encontrado for maior do que 9, subtraia 2 desse número.
F	Multiplique o resultado obtido por seu último algarismo.
G	Multiplique o resultado obtido por seu primeiro algarismo.

13 Represente na forma de adição ou multiplicação, conforme o caso.

264 + 264 + 264 = _264 × 3 =_

2.469 × 4 = _2.469 + 2.469 + 2.469 + 2.469 =_

8.075 + 8.075 = _____

6.000 + 6.000 + 6.000 + 6.000 + 6.000 = _____

382 × 6 = _____

105 + 105 + 105 = _____

13 × 8 = _____

14 Calcule.

2.791 + 854	4.537 + 7.694	1.985 + 73 + 605
936 − 582	6.195 − 237	5.212 − 3.418
265 × 7	2.047 × 4	3.784 × 6

15 Calcule.

(3 + 12) × 4 =	2 × (10 + 13) =	(32 − 22) × 7 =
(8 + 4) × 6 =	(57 − 19) × 5 =	(48 − 11) × 9 =

16 Calcule os quatro próximos números de cada sequência.

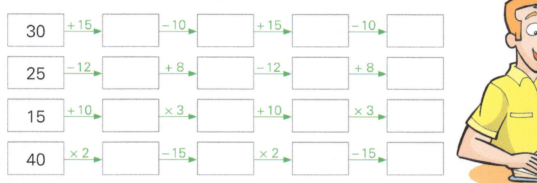

17 Complete com números ou sinais. Depois, calcule.

5 × (9 ◯ 2) = ☐ × ☐ − ☐ × 2 = _____

☐ × (3 + 4) = ☐ × 3 ◯ 2 × 4 = _____

☐ × (2 + 6) = 8 × ☐ + ☐ × 6 = _____

(3 + ☐) × ☐ = ☐ × 4 ◯ 2 × 4 = _____

(☐ + 7) × 2 = 4 × 2 + ☐ × ☐ = _____

(5 ◯ 4) × ☐ = 5 × ☐ − ☐ × 9 = _____

45

18 Observe e calcule por meio de estimativa.

Estimativa		
Aproximação à dezena exata mais próxima	Aproximação à centena exata mais próxima	Aproximação à milhar exata mais próxima
58 ▶ 60 + 21 ▶ + 20 ?	632 ▶ 600 − 294 ▶ − 300 ?	6790 ▶ 7000 × 5 ▶ × 5 ?

19 Estime o resultado de cada operação de acordo com a aproximação indicada.

Aproximação à:		
dezena exata mais próxima	centena exata mais próxima	milhar exata mais próxima

- dezena: 34 + 87 ; 82 − 59 ; 76 × 3
- centena: 763 + 219 ; 837 − 480 ; 219 × 6
- milhar: 7.789 + 4.805 ; 9.425 − 3.269 ; 4.098 × 5

20 Calcule o resultado da adição indicada por meio de três estimativas.

4.293 + 2.816

Aproximação à dezena ▶ 4.290 + 2.820 = _____

Aproximação à centena ▶ 4.300 + _____ = _____

Aproximação à milhar ▶ _____ + _____ = _____

• Que estimativa é mais próxima do resultado correto?

Vamos usar a calculadora?

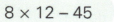

Como calcular expressões numéricas

Vamos calcular dois tipos de expressões com operações combinadas.
- Expressões nas quais aparece a multiplicação antes da adição ou da subtração. Por exemplo: 8 × 12 – 45.
- Expressões na quais aparece a adição ou a subtração antes da multiplicação. Por exemplo: 95 – 7 × 13.

8 × 12 – 45 ▶ Tecle [ON][8][×][1][2][–][4][5][=]

No visor aparecerá   51

Observe que nesta expressão teclamos os números e os sinais na ordem em que aparecem.

95 – 7 × 13

Primeira forma: Se na calculadora é respeitada a prioridade da multiplicação sobre a adição e a subtração.

Tecle [ON][9][5][–][7][×][1][3][=]

No visor aparecerá   4

Segunda forma: Se a calculadora não respeita a prioridade da multiplicação sobre a adição e a subtração.

Tecle [ON][7][×][1][3][–][9][5][=]

No visor aparecerá   –4

- Calcule o valor das seguintes expressões com a sua calculadora.

4 × 7 + 12	9 × 16 + 26	45 × 8 + 95	72 × 8 – 53
5 × 8 + 15	23 × 6 – 16	54 × 9 – 34	86 × 8 – 49

- Verifique se sua calculadora respeita ou não a prioridade da multiplicação sobre a adição e a subtração e calcule.

47 + 2 × 31	72 + 4 × 23	78 – 4 × 13	95 – 5 × 15
64 + 3 × 16	87 + 5 × 48	84 – 3 × 24	97 – 6 × 12

- Escreva a expressão numérica correspondente a cada frase. Depois, calcule-as utilizando a sua calculadora.

  - Ao triplo de 125 adicione 416.
  - Do dobro de 428 subtraia 125.
  - A 138 adicione o triplo de 259.
  - De 500 subtraia o dobro de 85.

Problemas de multiplicação

1 Observe o cartaz e calcule.

Café-da-manhã R$ 10,00
Lanche R$ 12,00
Prato do dia R$ 18,00
Prato especial R$ 23,00

- Quanto custarão 4 cafés-da-manhã?
  _____
- Quanto custarão 5 lanches?
  _____
- Quanto custarão 3 pratos do dia?
  _____
- Quanto custarão 6 pratos especiais?
  _____

2 Resolva:

- Ricardo comprou 4 entradas para uma peça de teatro. Cada entrada custou 65 reais. Quanto Ricardo pagou pelas 4 entradas?

Resposta ▶ _____

- Célia comprou 8 camisas de 53 reais cada uma. Quanto Célia pagou pelas 8 camisas?

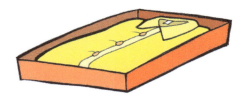

Resposta ▶ _____

- Carlos vai alugar um carro por 5 dias. Cada dia de aluguel custa 108 reais. Quanto Carlos pagará por esse período de aluguel?

Resposta ▶ _____

- Patrícia comprou 3 quadros iguais. O preço de cada quadro foi de 450 reais. Quanto Patrícia pagou pelos três quadros?

Resposta ▶ _____

48

3 Leia e resolva em seu caderno.

- Um grupo de pedreiros demorou 6 dias para levantar um muro. Em cada dia, foram colocados 1.550 tijolos. Quantos tijolos tem o muro?

  Resposta ▸ _____

- Cada um dos 5 volumes de uma enciclopédia tem 1.028 palavras. Quantas palavras tem essa enciclopédia?

  Resposta ▸ _____

- A capacidade máxima de um auditório é de 1.075 pessoas. Esse auditório esteve cheio por 7 dias. Quantas pessoas estiveram nesse auditório no total?

  Resposta ▸ _____

- De um armazém saíram 9 caminhões, cada um carregado com 1.560 latas de atum. Quantas latas foram levadas, no total, pelos caminhões?

  Resposta ▸ _____

4 Em cada caso, invente e resolva um problema em que você tenha que calcular a multiplicação indicada.

| 36 × 6 | 451 × 2 | 2.306 × 3 |

Problema ▸ _____

Resposta ▸ _____

Problema ▸ _____

Resposta ▸ _____

Problema ▸ _____

Resposta ▸ _____

5 Leia e resolva.

- Um estacionamento tem 4 andares e, em cada andar, cabem 1.325 carros. Quantos carros cabem no estacionamento?

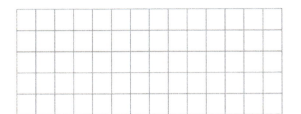

Resposta ▶ _____

- Uma exposição é visitada, diariamente, por 1.325 pessoas. Quantas pessoas visitam essa exposição semanalmente?

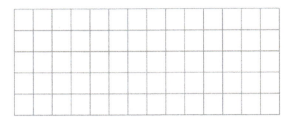

Resposta ▶ _____

- Uma lanchonete funciona todos os dias da semana, exceto segunda-feira. Todos os dias são vendidos pelo menos 1.680 sanduíches. Quantos sanduíches, no mínimo, são vendidos em uma semana?

Resposta ▶ _____

Cálculo mental

Multiplicar números de um dígito por 10, por 100 ou por 1.000

4 × 10 = 40   4 × 100 = 400   4 × 1.000 = 4.000

5 × 10	5 × 100	5 × 1.000
6 × 10	6 × 100	6 × 1.000
8 × 10	8 × 100	8 × 1.000
9 × 10	9 × 100	9 × 1.000

6 Leia com atenção e resolva.

- Está sendo construído um condomínio com 9 prédios. Em cada prédio haverá 106 apartamentos. Quantos apartamentos haverá no condomínio?

  Resposta ▸ _____
  _____

- Um caminhão transporta 1.565 caixas de leite. Em cada caixa, há 8 embalagens de leite. Quantas embalagens de leite o caminhão transporta?

  Resposta ▸ _____

7 Observe a ilustração e invente um problema de multiplicação. Depois, resolva-o.

Problema ▸ _____
_____
_____

Resposta ▸ _____

Há 26 apartamentos em cada andar.

Cálculo mental

Multiplicar números de dois dígitos por 10, por 100 ou por 1.000

14 × 10 = 140   14 × 100 = 1.400   14 × 1.000 = 14.000

12 × 10	12 × 100	12 × 1.000
15 × 10	15 × 100	15 × 1.000
17 × 10	17 × 100	17 × 1.000
19 × 10	19 × 100	19 × 1.000

8 Leia atentamente e responda às questões.

- Em uma indústria de carros são fabricados, diariamente, 226 carros. Quantos carros são fabricados em 1 semana e 3 dias?

São fabricados _____

- Cada carro necessita de 4 pneus e mais um para reposição. Quantos pneus são necessários, diariamente, para os carros fabricados?

São necessários _____

- A indústria tem, já terminados, 960 carros vermelhos e o triplo de carros brancos. Quantos carros brancos a indústria já produziu?

A fábrica produziu _____

- Uma pesquisa mostrou que, entre os trabalhadores da indústria, 192 são solteiros e o dobro desses trabalhadores são casados. Quantos trabalhadores casados há nessa indústria?

Há _____ trabalhadores casados nessa indústria.

9. Leia e resolva.

- Um galpão tem 6 salas. Cada sala tem 6 máquinas. Cada máquina conta com 6 discos e cada disco pesa 6 kg. Com essas máquinas, quantos quilogramas suporta o solo do galpão?

Resposta ▸ _____

- Um trem turístico tem 7 vagões com capacidade para 32 passageiros cada um. Quantos turistas podem visitar a cidade nesse trem, diariamente, sabendo-se que são feitas 8 viagens por dia?

Resposta ▸ _____

- Uma máquina faz 740 botões em 1 hora. Quantos botões a máquina fará em 8 horas? E em 24 horas?

Resposta ▸ _____

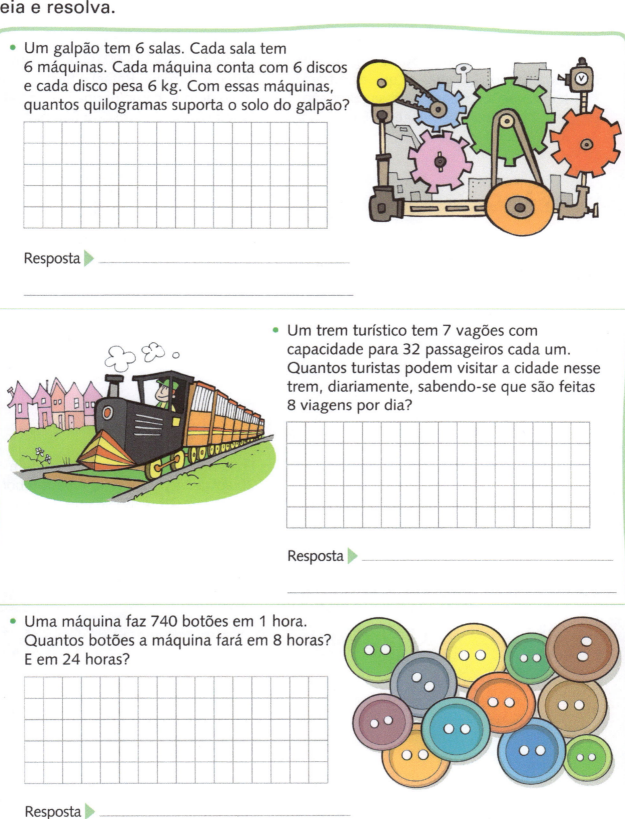

10 Leia e resolva.

- Um trem transporta 150 passageiros em cada vagão. Sabendo-se que esse trem tem 6 vagões, quantos passageiros são transportados em 1 viagem? E em 3 viagens?

Resposta ▶ _____

- Rafael tem R$ 525,00 na poupança, José tem o dobro que Rafael e Beatriz tem o triplo do que há na poupança de Rafael. Que quantia tem José? E Beatriz?

Resposta ▶ _____

- O diretor comercial de uma empresa comprou 4 telefones celulares para seus vendedores. Quantos reais ele gastou, se cada telefone celular custou 379 reais?

Resposta ▶ _____

- Francisco e seus amigos compraram 20 entradas para um jogo de futebol e pagaram 75 reais cada uma. Quanto gastaram no total?

Resposta ▶ _____

54

11 Resolva.

- Um barco percorre 95 quilômetros em uma hora. Para ir de um porto a outro, demorou 9 horas. Quantos quilômetros percorreu?

Resposta ▶ _____

- Quantas peças há em 8 quebra-cabeças como o do desenho?

Resposta ▶ _____

Cálculo mental

Quando um fator é múltiplo de 10, ou de 100 ou de 1.000

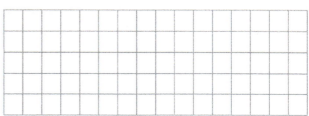

8 × 60 = 480
8 × 6 = 48

7 × 400 = 2.800
7 × 4 = 28

2 × 3.000 = 6.000
2 × 3 = 6

3 × 60	3 × 200	3 × 2.000
7 × 40	6 × 500	3 × 3.000
9 × 50	4 × 900	2 × 4.000
5 × 90	8 × 700	4 × 2.000

55

12 Leia cada problema e escreva o dado que está faltando para poder resolvê-lo.

- Raquel e Pedro estão montando um armário. Eles utilizam uma chave de fenda para colocar os parafusos. Para fazer a estrutura, necessitam de 16 parafusos e para montar cada gaveta utilizam 4 parafusos largos e 2 pequenos. Quantos parafusos são necessários no total?

    Dado que falta ▶ O número de _____

    Dado inventado ▶ Há _____ gavetas.

    4 + 2 = _____   _____ × 6 = _____   _____ + 16 = _____

    São necessários _____ parafusos.

- Eva colocou 8 CDs em seu equipamento de música. Cada CD tem 15 canções. Se Eva escutou algumas dessas canções, quantas faltam para Eva ouvir?

    Dado que falta ▶ _____

    Dado inventado ▶ _____

- Daniel encheu a máquina de lavar louças. Na bandeja de cima colocou 17 copos, 5 taças e 11 pratinhos e, na bandeja de baixo, duas fileiras de 14 pratos cada uma e os talheres. Quantas peças ele colocou, no total, na lava-louças?

    Dado que falta ▶ _____

    Dado inventado ▶ _____

- Patrícia e Maurício escreveram, no computador, uma poesia. Patrícia escreveu 5 estrofes e Maurício 7. Todas as estrofes têm o mesmo número de versos. Quantos versos Maurício escreveu a mais do que Patrícia?

    Dado que falta ▶ _____

    Dado inventado ▶ _____

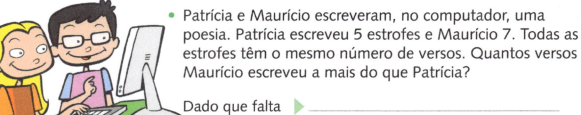

13 Em cada caso, escreva uma pergunta adequada para que o problema possa ser resolvido com as operações indicadas. Depois, resolva-o em seu caderno.

Problema de adição

O clube de patinação tem 127 sócios maiores de 18 anos e 356 sócios menores dessa idade.

Pergunta ▶ Quantos sócios tem, no total, o clube?

127 + 356 = _____

Tem _____ sócios no total.

Problema de subtração e adição

Meio-dia havia na pista 325 pessoas. À 1 hora, saíram 45 pessoas e, às 2 horas, vieram 63.

_____
_____

Problema de multiplicação e adição

Na pista de gelo havia 28 pessoas. Chegaram 3 grupos de 54 patinadores cada um.

_____
_____

Problema de adição e subtração

No momento, estão patinando 108 pessoas. Estão usando gorros, 37 crianças e 19 adultos.

_____
_____

Problema de multiplicação e subtração

A entrada para a pista custa 12 reais. Uma mãe pagou a sua entrada e a de seus dois filhos com uma nota de 50 reais.

_____
_____

57

14 Observe a resolução de problemas por meio de estimativas.

Sara e sua família foram visitar uma caverna. Hoje, visitaram a caverna 316 adultos e 184 crianças.

- Quantas pessoas visitaram a caverna hoje, aproximadamente?

  Estimamos a adição 316 + 184

  1º Aproximamos as parcelas à centena.

  ```
    3 1 6  ▶    3 0 0
  + 1 8 4  ▶  + 2 0 0
  ─────────    ───────
      ?          5 0 0
  ```

  2º Adicionamos.
  Hoje, visitaram a caverna umas 500 pessoas.

- A cada dia, aproximadamente, o mesmo número de adultos visitam a caverna. Quantos adultos a visitam, aproximadamente, a cada semana?

  Estimamos 316 × 7

  1º Aproximamos o fator 316 à centena.

  ```
    3 1 6  ▶    3 0 0
  ×     7     ×     7
  ─────────   ─────────
      ?         2 1 0 0
  ```

  2º Multiplicamos.
  A cada semana, visitam a caverna uns 2.100 adultos.

15 Leia e resolva, no caderno, fazendo um cálculo aproximado.

- Cláudia dirige, a cada dia, uns 47 km pela manhã e uns 32 km à tarde. Quantos quilômetros dirige a cada dia?

- Quanto custará, aproximadamente, uma viagem para três pessoas se o preço por pessoa é de 385 reais?

- Um cinema vendeu, no sábado, 2.936 ingressos e, no domingo, 2.184. Quantos ingressos foram vendidos, aproximadamente, no sábado a mais do que no domingo?

58

16 No Museu de Ciências Naturais foi elaborado este gráfico dos insetos expostos. Observe o gráfico, busque os dados necessários e resolva no caderno.

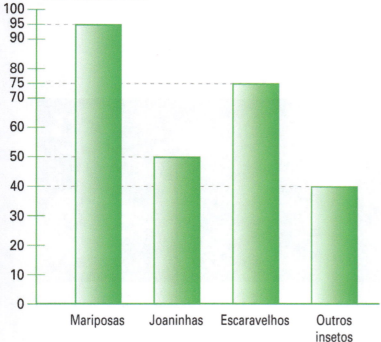

- Quantos insetos, no total, estão expostos no museu?

  Resposta ▸ _____

- Cada joaninha tem 4 asas. Quantas asas têm, no total, todas as joaninhas expostas?

  Resposta ▸ _____

- Cada mariposa tem 6 patas. Quantas patas têm, no total, todas as mariposas expostas?

  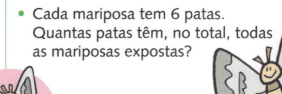

  Resposta ▸ _____

- Quantos escaravelhos há a menos do que mariposas?

  Resposta ▸ _____

- Quantas mariposas há a menos do que joaninhas e escaravelhos juntos?

  Resposta ▸ _____

17 Em cada caso, escreva uma pergunta para que resulte em um problema do tipo indicado. Depois, resolva-o em seu caderno.

Problema de adição e subtração

Carlos tirou 279 fotos de leões e 138 fotos de zebras.
Isabel tirou 356 fotos de girafas.

Pergunta ▶ _____

Resposta ▶ _____

Problema de adição e multiplicação

Ana tirou 184 fotos de crocodilos e 359 fotos de leopardos. Pedro tirou o dobro de fotos de Ana.

Pergunta ▶ _____

Problema de multiplicação e adição

Sérgio usou 8 filmes de 24 fotos cada um e outros 5 filmes de 12 fotos cada um.

Pergunta ▶ _____

Problema de multiplicação e subtração

Isabela tirou 48 fotos de estrelas-do-mar. José tirou o triplo de fotos que Isabela.

Pergunta ▶ _____

Problema de multiplicação e subtração

André usou um total de 14 filmes de 36 fotos cada um. Já imprimiu 112 fotos.

Pergunta ▶ _____

18 Observe a tabela com o número de passagens de cada tipo vendidas em uma agência de viagens. Leia e resolva.

Dados de 2006							
	Junho	Julho	Agosto	Setembro	Outubro	Novembro	Dezembro
Avião	57	128	213	79	34	27	132
Trem	146	128	460	216	54	37	305
Ônibus	232	128	1.386	420	118	90	573

Em agosto, com todas as passagens de ônibus vendidas, encheram 4 ônibus de 53 lugares que foram ao Guarujá e outros 5 ônibus iguais aos anteriores que foram para Campos de Jordão. O restante ia para outros destinos.

- Quantas passagens de trem foram vendidas nos últimos 2 meses de 2006?

Resposta ▶ _____

- No total, quantas passagens foram vendidas em julho de 2006?

Resposta ▶ _____

- Quantas pessoas que viajaram em agosto de 2006 de ônibus não foram nem ao Guarujá nem a Campos de Jordão?

Resposta ▶ _____

- Para cada passagem de trem que é vendida, são cobrados 3 reais de taxa de embarque. Quantos reais foram cobrados nas passagens de trem vendidas no último trimestre do ano de 2006?

Resposta ▶ _____

19 A cada um desses problemas, falta uma pergunta. Circule a pergunta que pode ser respondida com os dados do problema e resolva-o.

- Na loja de Oscar, há 67 pacotes de bolinhos tradicionais e 84 pacotes de bolinhos com chocolate. Em cada pacote, há 8 bolinhos.

  Perguntas
  A. Quantos pacotes de bolinhos tradicionais há a mais do que biscoitos na loja?
  B. Quantos bolinhos há, no total, na loja?
  C. Quantos bolinhos foram vendidos ontem?

  Resposta ▶ _____

- Na peixaria, havia 263 pessoas que queriam comprar 1 filé de merluza cada um. O peixeiro tinha 27 caixas, e em cada caixa havia 8 filés de merluza.

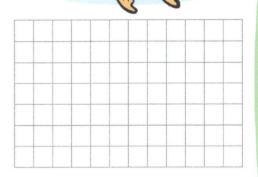

  Perguntas
  A. Quantas merluzas a mais do que tainhas irá vender o peixeiro?
  B. Quantas pessoas ficaram sem merluza?
  C. Quantas merluzas foram vendidas ontem?

  Resposta ▶ _____

- Ontem, em um supermercado, 3.719 pessoas, no total, fizeram compras; hoje, fizeram compras 1.519 mulheres e 1.325 homens.

  Perguntas
  A. Quantas pessoas compraram na mercearia a mais do que no supermercado?
  B. Quantas pessoas fizeram compras no supermercado ontem a mais do que hoje?
  C. Quantos homens, a menos do que mulheres, fizeram compras ontem no supermercado?

  Resposta ▶ _____

20 Leia o texto e invente, com alguns dados dele, problemas que possam ser resolvidos com as operações indicadas. Depois, calcule a solução.

No aeroporto há 3 aviões: um para Paris, outro para Londres e outro para Lisboa. Em cada avião cabem 336 passageiros. No avião que vai para Paris há 23 assentos vazios e nos outros dois voos há 6 assentos livres em cada um. O avião que vai para Londres consumirá 2.500 litros de combustível, o que vai para Paris, 800 litros a menos que o que vai para Londres. Já o vôo que vai para Lisboa gastará dois tanques de 600 litros cada um.

Problema de multiplicação e adição

Resposta ▶ _____

Problema de multiplicação e subtração

Resposta ▶ _____

Problema de adição e subtração

Resposta ▶ _____

Problema de multiplicação e subtração

Resposta ▶ _____

21 Leia cada problema, circule a operação que você tem de realizar e resolva.

- Em um circo, trabalham 156 artistas e 89 operários que não atuam na pista. Quantas pessoas trabalham no circo?

  ADIÇÃO

  SUBTRAÇÃO

  MULTIPLICAÇÃO

  Trabalham _____ pessoas.

- Cada elefante do circo come, diariamente, 7 cestas de alimentos cada um. Há 9 elefantes. Quantas cestas de comida, no total, consomem, diariamente, os 9 elefantes?

  ADIÇÃO

  SUBTRAÇÃO

  MULTIPLICAÇÃO

  Consomem _____ cestas.

- Nesse circo, há 2.750 lugares e já há 1.874 espectadores sentados. Quantas pessoas faltam chegar para que a lotação seja completada?

  ADIÇÃO

  SUBTRAÇÃO

  MULTIPLICAÇÃO

  Faltam _____ pessoas.

A tabuada de divisão

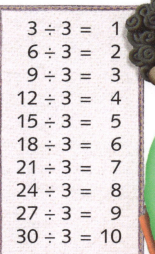

1 ÷ 1 = 1	2 ÷ 2 = 1	3 ÷ 3 = 1
2 ÷ 1 = 2	4 ÷ 2 = 2	6 ÷ 3 = 2
3 ÷ 1 = 3	6 ÷ 2 = 3	9 ÷ 3 = 3
4 ÷ 1 = 4	8 ÷ 2 = 4	12 ÷ 3 = 4
5 ÷ 1 = 5	10 ÷ 2 = 5	15 ÷ 3 = 5
6 ÷ 1 = 6	12 ÷ 2 = 6	18 ÷ 3 = 6
7 ÷ 1 = 7	14 ÷ 2 = 7	21 ÷ 3 = 7
8 ÷ 1 = 8	16 ÷ 2 = 8	24 ÷ 3 = 8
9 ÷ 1 = 9	18 ÷ 2 = 9	27 ÷ 3 = 9
10 ÷ 1 = 10	20 ÷ 2 = 10	30 ÷ 3 = 10

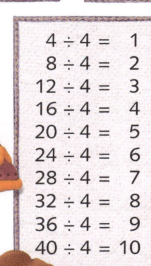

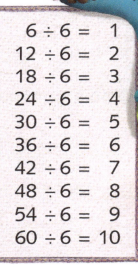

4 ÷ 4 = 1	5 ÷ 5 = 1	6 ÷ 6 = 1
8 ÷ 4 = 2	10 ÷ 5 = 2	12 ÷ 6 = 2
12 ÷ 4 = 3	15 ÷ 5 = 3	18 ÷ 6 = 3
16 ÷ 4 = 4	20 ÷ 5 = 4	24 ÷ 6 = 4
20 ÷ 4 = 5	25 ÷ 5 = 5	30 ÷ 6 = 5
24 ÷ 4 = 6	30 ÷ 5 = 6	36 ÷ 6 = 6
28 ÷ 4 = 7	35 ÷ 5 = 7	42 ÷ 6 = 7
32 ÷ 4 = 8	40 ÷ 5 = 8	48 ÷ 6 = 8
36 ÷ 4 = 9	45 ÷ 5 = 9	54 ÷ 6 = 9
40 ÷ 4 = 10	50 ÷ 5 = 10	60 ÷ 6 = 10

7 ÷ 7 = 1	8 ÷ 8 = 1	9 ÷ 9 = 1
14 ÷ 7 = 2	16 ÷ 8 = 2	18 ÷ 9 = 2
21 ÷ 7 = 3	24 ÷ 8 = 3	27 ÷ 9 = 3
28 ÷ 7 = 4	32 ÷ 8 = 4	36 ÷ 9 = 4
35 ÷ 7 = 5	40 ÷ 8 = 5	45 ÷ 9 = 5
42 ÷ 7 = 6	48 ÷ 8 = 6	54 ÷ 9 = 6
49 ÷ 7 = 7	56 ÷ 8 = 7	63 ÷ 9 = 7
56 ÷ 7 = 8	64 ÷ 8 = 8	72 ÷ 9 = 8
63 ÷ 7 = 9	72 ÷ 8 = 9	81 ÷ 9 = 9
70 ÷ 7 = 10	80 ÷ 8 = 10	90 ÷ 9 = 10

Operações de divisão

1 Complete.

÷ 9
81	9
54	
45	

÷ 7
63	
42	
49	

÷ 8
32	
56	
64	

÷ 4
24	
16	
36	

2 Calcule. Depois, escreva se é uma divisão exata ou não-exata.

17 | 3   28 | 4   49 | 6

16 | 2   18 | 3   42 | 5

3 Calcule. Depois, complete a tabela.

	Dividendo	Divisor	Quociente	Resto	É exata?
12 ÷ 4					
23 ÷ 6					
38 ÷ 8					
63 ÷ 9					

Investigue

Que divisão é?

Oscar joga com estas cinco cartelas. As cartelas vermelhas são os dividendos e as cartelas azuis são os divisores.

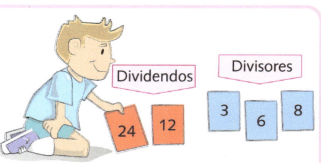

- Calcule o quociente de todas as divisões exatas.
- Busque a divisão com o maior quociente e a divisão com o menor quociente.

66

④ Observe a ilustração, complete o diagrama de árvore, calcule todos os quocientes possíveis e responda às perguntas.

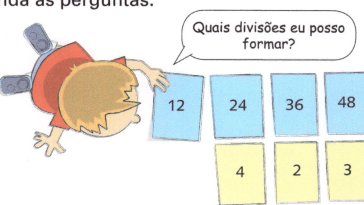

Antônio está brincando de formar divisões com estas sete cartelas. Os números das cartelas azuis são os dividendos e os das cartelas amarelas são os divisores.

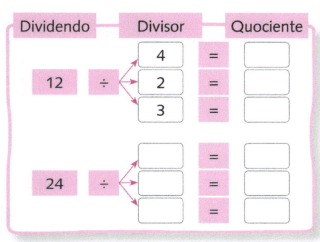

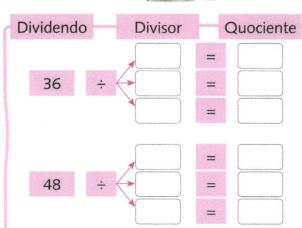

- Quantas divisões foi possível formar? _____.
- De todos os quocientes obtidos, qual é maior do que 6 e menor do que 9? _____.
- Qual é a divisão que permite encontrar esse quociente? _____.

⑤ Faça as divisões e comprove através de:

Dividendo = divisor × quociente + resto   e   Resto < divisor

54 | 4   87 | 7   75 | 4

54 = ____ × ____ + ____   87 = ____ × ____ + ____   75 = ____ × ____ + ____

67

6 Pinte o quadro em que a divisão esteja correta.

1 3	2
1	6

1 3	2
3	5 1
1	

2 1	3
0	7

2 1	3
3	6 1
0	

4 7	9
2	9

4 7	5
7	8 1
2	

2 8	4
4	6 1
0	

2 8	4
0	7

7 Escreva cada divisão.

Dividendo 21
Quociente 5
Divisor 4
Resto 1

Dividendo 21
Divisor 5
Quociente 4
Resto 1

8 Calcule o resultado das divisões e comprove através de:

Resto < Divisor   e   Dividendo = divisor × quociente + resto

7 8	5
2 8	1 5
3	

(3 < 5)

78 = 5 × 15 + 3
78 = 75 + 3

4 9	3

8 7	7

7 3	4

9 5	6

6 9	2

9 Divida.

9 0 5	5	3 1 9	3	9 1 0	3	8 0 3	4
3 2 9	8	9 6 0	6	7 6 4	5	5 6 4	7

10 Escreva as seguintes divisões, usando os números das cartelas azuis como dividendo e os das cartelas amarelas como divisores.

- Uma divisão cujo quociente comece por 9.
- Duas divisões cujo quociente seja maior do que 60 e menor do que 70.
- Três divisões cujo quociente comece por 1.

Investigue

Que divisões podem ser obtidas?

Patrícia brinca com estas duas cartelas e um dado. Ela pega uma cartela, lança o dado e divide o número da cartela pelo número obtido no dado.
• Calcule o quociente e o resto de todas as divisões que Patrícia pode obter.

Exemplo   → 25 ÷ 5 (quociente: 5 / resto: zero)

69

11 Resolva a cruzadinha.

Horizontais

1 | 448 ÷ 8 | | 710 ÷ 2 |
2 | 81 ÷ 9 | | 480 ÷ 6 | | 28 ÷ 7 |
3 | 261 ÷ 3 | | 730 ÷ 5 |
4 | 147 ÷ 3 | | 45 ÷ 9 |
5 | 720 ÷ 4 | | 124 ÷ 2 |
6 | 42 ÷ 7 | | 76 ÷ 4 | | 35 ÷ 5 |

Verticais

A | 299 × 2 | | 4 × 4 |
B | 2 × 3 | | 187 × 4 |
C | 4 × 2 | | 53 × 17 |
D | 43 × 7 | | 3 × 3 |
E | 5 × 1 | | 57 × 8 |
F | 91 × 6 | | 3 × 9 |

12 Pinte de amarelo as divisões exatas e de verde as que têm resto.

| 82 ÷ 2 | 96 ÷ 5 | 75 ÷ 5 | 50 ÷ 4 | 98 ÷ 7 |

13 Sem dividir, identifique as divisões que têm quociente com dois dígitos.

a) 75 ÷ 9   d) 36 ÷ 4   g) 74 ÷ 2
b) 52 ÷ 4   e) 72 ÷ 3   h) 29 ÷ 6
c) 68 ÷ 6   f) 59 ÷ 7   i) 76 ÷ 4

14 Resolva as divisões da atividade anterior com uma calculadora e responda às perguntas:

• Quais das divisões são exatas? _____

• Qual divisão tem o maior quociente? _____

15 Leia e complete a tabela.

Um grupo de 4 crianças estava jogando baralho. O jogo começava com a distribuição de 52 cartas igualmente entre os jogadores. Quantas cartas tinha cada um no começo do jogo?

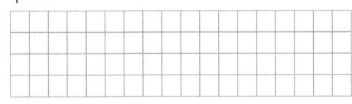

16 Leia e calcule.

A mãe de André preparou 98 pãezinhos com queijo quente. Se cada convidado comeu 3 e sobraram 5, quantos eram os convidados de André?

17 Faça as operações e complete as sequênciais.

| 256 | ÷2 | 128 | ÷2 | | ÷2 | | ÷2 | | ÷2 | | ÷2 | | ÷2 | |

| 729 | ÷3 | 243 | ÷3 | | ÷3 | | ÷3 | | ÷3 | | ÷3 | |

18 Observe o mágico com seu truque de números.

- Experimente alguns números e brinque de ser mágico com seus amigos e amigas.

Cálculo mental

Diferentes operações para um mesmo resultado

Exemplo	30 →	15 + 15	3 × 10	50 − 20	60 ÷ 2
	25	40	60	12	100
	45	32	48	500	75

19 Partindo da bola, se o resultado das operações de cada pista coincidir com o número de seu pino, este cairá.

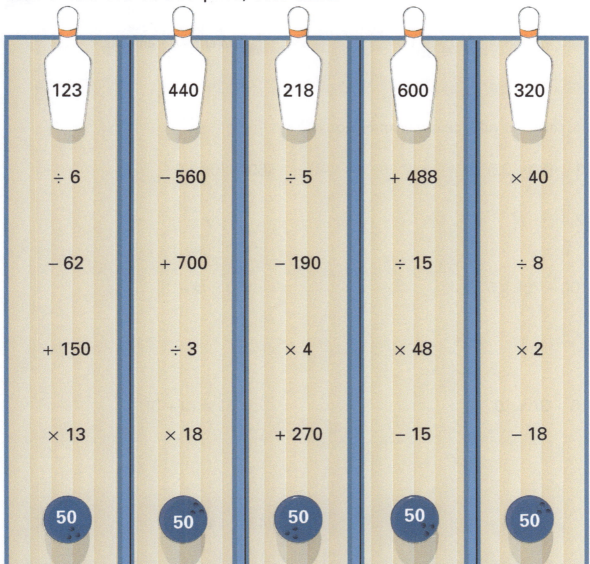

- Quantos pinos caem? _____

20 Calcule.

O dobro	O triplo	A metade	Um terço	Um quarto
3 ▶ ___	2 ▶ ___	8 ▶ ___	6 ▶ ___	8 ▶ ___
5 ▶ ___	4 ▶ ___	10 ▶ ___	12 ▶ ___	16 ▶ ___
7 ▶ ___	6 ▶ ___	12 ▶ ___	21 ▶ ___	20 ▶ ___

21 Observe o cálculo.

35 × (9 + 1)

35 ×   10   = 350

Primeiro se resolve a operação que está entre parênteses.

Agora, calcule o valor de cada expressão.

42 ÷ (30 – 23)

42 ÷ ___7___ = 6

(60 – 20) × 2

_____ × _____ = ☐

(100 – 75) ÷ 5

_____ ÷ _____ = ☐

50 × (2 + 8)

_____ × _____ = ☐

(18 + 2) × 10

_____ ○ _____ = ☐

81 ÷ (6 + 3)

_____ ○ _____ = ☐

2 × (150 – 100)

_____ ○ _____ = ☐

(42 + 14) ÷ 7

_____ ○ _____ = ☐

22 Calcule os quatro próximos números de cada sequência.

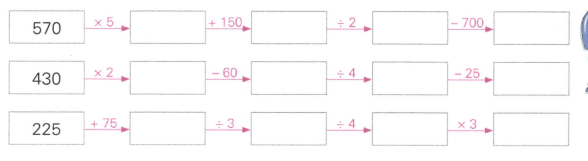

74

Problemas de divisão

1 Resolva.

- Ricardo tem 32 laranjas para fazer suco. Em cada copo de suco, utiliza 4 laranjas. Quantos copos de suco ele pode fazer?

Resposta ▶ _____

- Em uma classe há 30 alunos. Foram formados grupos de 6 alunos para fazer um trabalho manual. Quantos grupos foram formados?

Resposta ▶ _____

- Totó nasceu há 42 dias. Uma semana tem 7 dias. Quantas semanas tem Totó?

Resposta ▶ _____

- Laura plantou 32 rosas em 8 filas, com um número igual de rosas em cada fila. Quantas rosas ela plantou em cada fila?

Resposta ▶ _____

- Maria colocou 20 latas de suco em caixas. Em cada caixa colocou 4 latas. De quantas caixas Maria precisou?

Resposta ▶ _____

2 Leia e resolva.

- Marta quer repartir 25 fotos em 6 envelopes, colocando o mesmo número de fotos em cada um. Quantas fotos ela colocará em cada envelope? Quantas fotos sobrarão?

Resposta ▶ _____

- Mário quer repartir 69 figurinhas entre 8 amigos. Cada amigo receberá o mesmo número de figurinhas.
Quantas figurinhas ele dará a cada amigo? Quantas figurinhas sobrarão?

Resposta ▶ _____

- Luís quer fazer 5 montes iguais com 42 fichas. Quantas fichas ele deverá colocar em cada monte? Quantas fichas sobrarão?

Resposta ▶ _____

- Em uma classe há 24 alunos. Se forem feitas equipes de 6, quantas equipes serão formadas? Quantos alunos ficarão sem equipe?

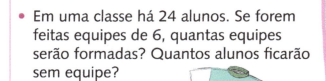

Resposta ▶ _____

Cálculo mental

Quando o divisor é 10, 20 ou 30

20 ÷ 10	20 ÷ 20	100 ÷ 20	120 ÷ 30
30 ÷ 10	40 ÷ 20	120 ÷ 20	150 ÷ 30
40 ÷ 10	60 ÷ 20	140 ÷ 20	180 ÷ 30
50 ÷ 10	80 ÷ 20	160 ÷ 20	240 ÷ 30

3 Leia e resolva.

- Marli repartiu 96 reais entre seus netos, em partes iguais, e deu 8 reais para cada um. Quantos netos Marli tem?

Resposta ▶ _____

- Marcelo tem que empacotar 925 ovos em cartelas de 6 ovos. Quantas cartelas ficarão completas? Quantos ovos sobrarão?

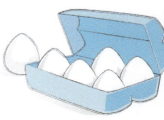

Resposta ▶ _____

- Samuel percorrerá 243 km em 9 dias. Quantos quilômetros fará a cada dia, se ele percorrer a mesma distância todos os dias?

Resposta ▶ _____

- Clara comprou 3 calças do mesmo preço por 123 reais. Qual é o preço de cada calça?

Resposta ▶ _____

- Um cinema esteve lotado em 7 sessões seguidas. No total, foram vendidos 1.526 ingressos. Quantos lugares há na sala?

Resposta ▶ _____

- Guilherme e Márcia utilizaram 2.650 peças para montar 5 quebra-cabeças, com o mesmo número de peças. Quantas peças tem cada quebra-cabeça?

Resposta ▶ _____

4 Leia e resolva.

- Beatriz comprou 3 monitores de computador iguais para seu escritório e pagou por eles R$ 2.718,00. Quanto custou cada monitor?

Resposta ▶ _____

_____

- Em um pomar foram plantadas 2.772 árvores frutíferas em fileiras de 9 árvores cada uma. Quantas fileiras de árvores foram plantadas?

Resposta ▶ _____

_____

- Uma empresa gastou R$ 510,00 na compra de canetas para presentear seus clientes. Cada caneta custa R$ 5,00. Quantas canetas a empresa comprou?

Resposta ▶ _____

_____

- Uma máquina demora 3 minutos para confeccionar um boneco. Quantos bonecos poderá confeccionar em 600 minutos?

Resposta ▶ _____

_____

5 Invente e resolva.

- Escreva um problema que possa ser resolvido fazendo uma divisão cujo quociente seja 1.008 e o resto 3. Depois, resolva-o.

Problema ▶ _____

_____

Resposta ▶ _____

6 Leia cada problema e escreva qual dado está faltando para poder resolvê-lo. Depois, invente esse dado e resolva o problema.

- Na loja de animais há 4 aquários. Cada um tem 3 peixes vermelhos, 5 laranjas e alguns listrados. Quantos peixes há, no total, na loja?

  Dado que falta ▶ _____

  Dado inventado ▶ _____

  Resposta ▶ _____

- Na floricultura de Raquel há 5 jarros com várias rosas e 37 cravos. Quantas rosas há a mais do que cravos?

  Dado que falta ▶ _____

  Dado inventado ▶ _____

  Resposta ▶ _____

- Em uma mudança, os trabalhadores levaram até o caminhão várias caixas. No total, havia 37 caixas para serem transportadas. Quantas caixas eles ainda têm que levar?

  Dado que falta ▶ _____

  Dado inventado ▶ _____

  Resposta ▶ _____

79

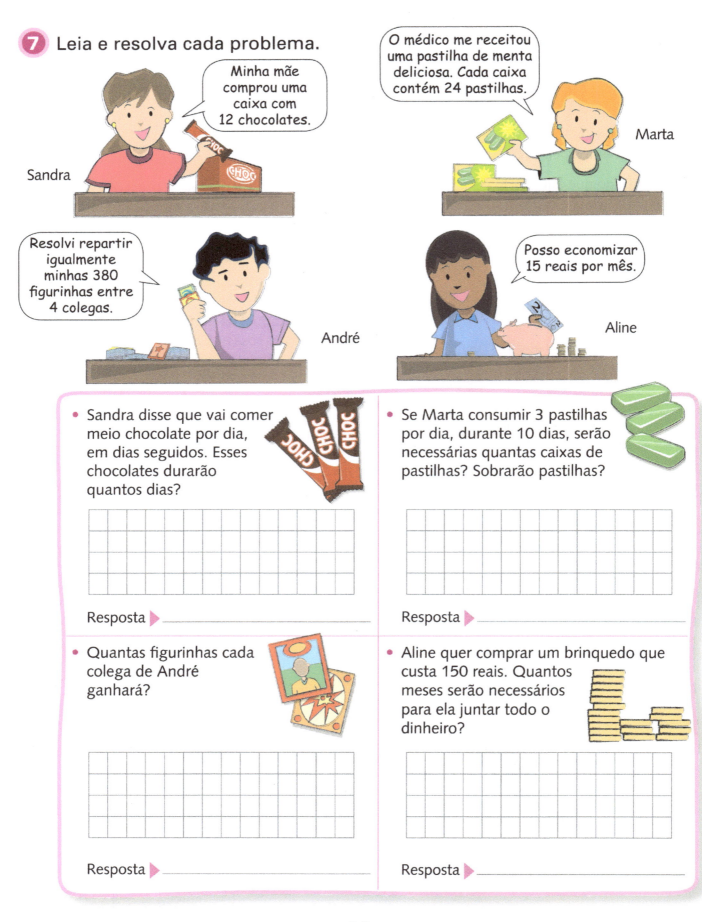

8 Leia, observe a tabela e resolva.

Em cada classe, há 25 alunos.

Na 3ª série A, há 14 meninas.

Os alunos da 3ª série vão preparar uma festa na escola e cada aluno vai levar algo para o lanche. Na tabela, está anotado o que foi reunido no total.

| | Sanduíches || Copos de suco || Doces ||
	Carne	Queijo	Laranja	Limão	Brigadeiros	Beijinhos
3ª A	10	12	18	28	26	33
3ª B	9	18	15	11	31	19
3ª C	15	20	9	13	22	14
3ª D	14	7	23	21	28	24

- Quantos sanduíches de queijo a mais do que de carne havia na festa?

Resposta ▶ _____

- Os sucos foram colocados em copos e servidos em bandejas. Em cada bandeja foram colocados 6 copos de suco. Quantas bandejas havia no total?

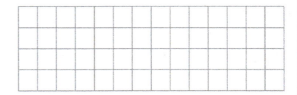

Resposta ▶ _____

- Quantos doces havia na festa?

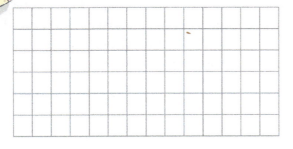

Resposta ▶ _____

- Na 3ª série A, os meninos levaram os sanduíches. Todos levaram a mesma quantidade deles. Quantos sanduíches levou cada menino da 3ª série A?

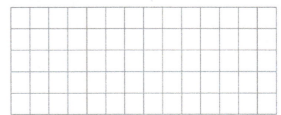

Resposta ▶ _____

81

9 Leia, observe o gráfico e resolva.

Quantidade de pessoas

Na biblioteca pública foram instalados computadores com os quais se pode acessar a internet.
O gráfico ao lado mostra o número e a idade dos usuários da internet esta semana.

Gráfico de barras com os valores: 11 → 5; De 12 a 15 → 15; De 16 a 18 → 30; De 19 a 25 → 60; De 26 a 30 → 55; De 31 a 40 → 60; Mais de 40 → 40.

Idade das pessoas

• Quantos usuários com mais de 25 anos há a mais do que usuários de até 25 anos?

Resposta ▸ _____

• Dos usuários de 31 a 40 anos, a metade conecta a internet 2 vezes ao mês. Quantas conexões realizam mensalmente todos eles?

Resposta ▸ _____

• Do grupo de 19 a 25 anos, há 3 pessoas que conhecem internet e o resto faz um curso que custa R$ 60,00 por mês. Quanto eles pagam pelo curso?

Resposta ▸ _____

• Na semana passada, houve 18 usuários de 31 a 40 anos e 12 usuários de mais de 40 anos a mais do que esta semana. Quantos usuários com mais de 30 anos houve a semana passada?

Resposta ▸ _____

10 Leia cada problema e elabore as perguntas indicadas, utilizando todos os dados. Depois, resolva.

- Roberta colocou, em 3 prateleiras de uma estante, 45 livros de leitura em cada uma. Outros 62 livros de consulta foram colocados por Roberta em outra prateleira dessa estante.

Pergunta que resulte em um problema de multiplicação e adição.

_____

_____

Resposta ▶ _____

Pergunta que resulte em um problema de multiplicação e subtração.

_____

_____

Resposta ▶ _____

- Larissa e Fábio estão preparando laços para um enfeite. Para cada laço necessitam de 20 cm de fita. Larissa tem um rolo de 300 cm de fita vermelha e Fábio tem 180 cm de fita verde.

Pergunta que resulte em um problema de divisão e adição.

_____

_____

Resposta ▶ _____

Pergunta que resulte em um problema de divisão e subtração.

_____

_____

Resposta ▶ _____

83

11 Observe o desenho e leia o texto. Depois, invente problemas de duas operações usando as informações que são dadas ou inventando as que forem necessárias. A seguir, resolva os problemas que inventar.

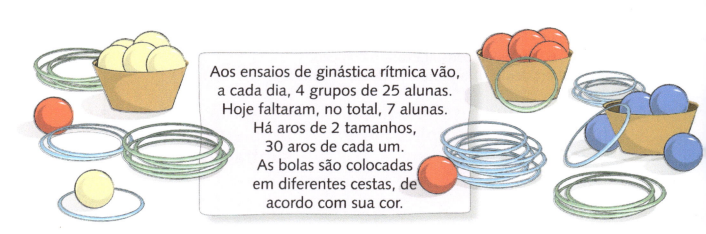

Aos ensaios de ginástica rítmica vão, a cada dia, 4 grupos de 25 alunas. Hoje faltaram, no total, 7 alunas. Há aros de 2 tamanhos, 30 aros de cada um. As bolas são colocadas em diferentes cestas, de acordo com sua cor.

Problema de adição e multiplicação
Problema ▶
Resposta ▶

Problema de multiplicação e subtração
Problema ▶
Resposta ▶

Problema de adição e divisão
Problema ▶
Resposta ▶

Problema de subtração e divisão
Problema ▶
Resposta ▶

84

12 Leia os problemas, circule as operações que devem ser realizadas e resolva-os.

ADIÇÃO E SUBTRAÇÃO

ADIÇÃO E MULTIPLICAÇÃO

- Esta manhã chegaram a uma obra 6 caminhões de vigas de ferro e 3 caminhões de vigas de madeira. Cada caminhão levava 175 vigas. Quantas vigas chegaram à obra?

Chegaram _____ vigas.

ADIÇÃO E SUBTRAÇÃO

ADIÇÃO E DIVISÃO

- O elevador tem que transportar até o último piso 87 sacos de cimento, 57 de gesso e 63 de areia. No elevador só podem subir 9 sacos de cada vez. Quantas vezes terão que carregar o elevador?

Terão que carregá-lo _____ vezes.

ADIÇÃO E SUBTRAÇÃO

SUBTRAÇÃO E MULTIPLICAÇÃO

- O encanador tinha 5 caixas de torneiras de lavabo e 3 caixas de torneiras de ducha. Cada caixa tem 25 torneiras. Já foram instaladas 63 torneiras. Quantas falta instalar?

Falta instalar _____ torneiras.

ADIÇÃO E MULTIPLICAÇÃO

SUBTRAÇÃO E DIVISÃO

- Dos 1.340 azulejos que um pedreiro colocou hoje, 468 eram lisos e o resto, estampado. Os estampados foram colocados em igual número em 4 paredes de um apartamento. Quantos azulejos estampados foram colocados em cada parede?

Foram colocados _____ azulejos.

13 Invente problemas que possam ser resolvidos com os cálculos indicados, usando como tema cada ilustração.

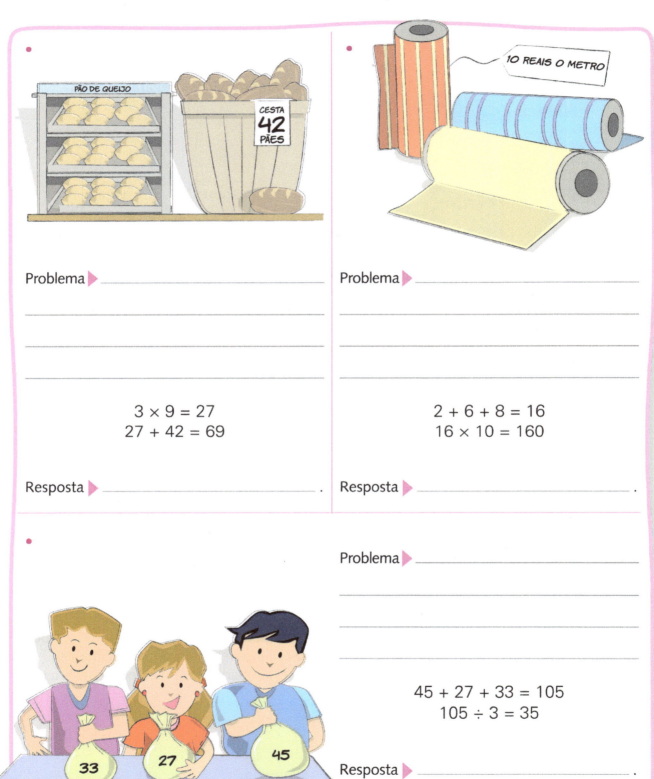

Problema ▸ _____

3 × 9 = 27
27 + 42 = 69

Resposta ▸ _____ .

Problema ▸ _____

2 + 6 + 8 = 16
16 × 10 = 160

Resposta ▸ _____ .

Problema ▸ _____

45 + 27 + 33 = 105
105 ÷ 3 = 35

Resposta ▸ _____ .

86

14 Observe os dados, elabore um problema e resolva-o.

1. **Problema de divisão**

   Dados ▸ Gasto total com sucos: R$ 18,00.

   Problema ▸ _____

   _____

   Resposta ▸ _____

   _____

2. **Problema de multiplicação e divisão**

   Dados ▸ Há 350 mℓ em cada refrigerante e há 4 pessoas.

   Problema ▸ _____

   _____

   Resposta ▸ _____

   _____

3. **Problema de adição e multiplicação**

   Dados ▸ Cada iogurte: R$ 0,80; cada refrigerante: R$ 1,50; cada fruta: R$ 0,50.

   Problema ▸ _____

   _____

   Resposta ▸ _____

   _____